KB201346

샬롬의 나비효과

"이스라엘이여 너는 행복자로다 여호와의 구원을 너 같이 얻은
백성이 누구냐 그는 너를 돕는 방패시오 네 영광의 칼이시로다 네
대적이 네게 복종하리니 네가 그들의 높은 곳을 밟으리로다."

(신 33:29)

"내가 여호와로 말미암아 크게 기뻐하며 내 영혼이 나의 하나님으로
말미암아 즐거워하리니 이는 그가 구원의 옷을 내게 입히시며
공의의 겉옷을 내게 더하심이 신랑이 사모를 쓰며 신부가 자기
보석으로 단장함 같게 하셨음이라."

(사 61:10)

아름다운 열매

동행한 바람도 허전하고 쓸쓸한지
손들어 반기는 나무들
세상사 어지러워
초록들도 자유 잃고
우두커니 서 있는데

그대 변함없는 마음과 열정으로
삶에 용기와 희망과 행복을 주시니
드높은 하늘도 축하하오며
찬란하게 전 세계로 빛나리

문학과 교육의 산실로
모든 일에 불태우기 위하여
노력과 열정으로 준비된 최선 교수님
페스탈로치는 가정에 도덕성은 어머니요
어머니는 하늘이 내리신 교사이시다
라고 말했듯이

어머니 품속 같은 최선 박사님

주님 안에서 누리는 하늘 행복

복이 있고 행복스런 그곳에

같이 문학 활동하는 우리들

글과 노래와 사랑의 숨결로

생명의 영적인 신비를 넣어주시오

미래를 향한 작은 초석은

반드시 아름다운 세상을 위한 열매가 되어

주님 안에 행복을 실고 돌아오려니

소망의 책을 펴내시니 훌륭한 최선 목사님께

진심으로 축하의 박수를 보냅니다

예술은 지구촌에 꽃으로 피어나고

그대의 문학은 언제나 주님 안에서

영적인 지혜는 꽃이 되어

전 세계로 영원히 영원히

백정해 / 시인 수필가 소설가 한국문인협회
시인 작가 최선 박사 『샬롬의 나비효과』 출간을 즈음하여

아름다운 세상을 위한 날개짓

우리 삶 속에서 가장 많이 언급되는 말 중의 하나는 행복일 것입니다. 행복은 가장 정다운 말이요, 가장 흐뭇한 단어입니다. 가장 아름다운 말이요, 제일 많이 쓰는 말입니다. 이 말들이 나비효과와 같이 특별한 능력이 되어 전파되었으면 합니다.

이 나비효과(butterfly effect)는 1961년에 미국의 기상학자 에드워드 로렌츠(E. Lorentz)가 기상을 연구하다가 처음 사용한 말입니다. 처음에는 별스럽지 않게 보이던 일이 크게 발생할 때 쓰는 말입니다.

로렌츠는 기상을 연구하던 중에 우연히 작은 사건이 나중에 엄청난 폭풍을 몰고 온다는 사실을 알아냈습니다. 그는 이렇게 설명하고 있습니다.

브라질 아마존 강 밀림지역의 어느 꽃에 나비 한 마리가 앉아서 날갯짓을 하며 쉬고 있었습니다. 나비가 날갯짓을 할 때 꽃가루 하나가 떨어졌습니다. 그런데 우연히 그 꽃가루가 밑에 있던 원숭이의 등짝에 떨어졌습니다.

꽃가루가 등에 떨어지자 원숭이 등이 가렵기 시작합니다. 가려워서 견딜 수가 없습니다. 등을 시원하게 긁어야 되겠는데 발이 등에 닿지 않습니다. 할 수 없이 옆에 있는 야자나무에다 등을 비벼댔습니다.

야자나무 열매가 떨어지려 하던 차에 원숭이에 의해 나무가 흔들리자 뚝 떨어졌습니다. 그 열매가 떨어져 굴러가다가 돌멩이 하나를 쳤습니다. 그 돌멩이는 야자나무 열매가 치는 바람에 굴러갔습니다. 굴러가는 쪽 바로 밑에 큰 바위가 하나 있었는데, 그 바위를 작은 돌들이 괴이고 있었습니다. 굴러가는 돌멩이가 그 큰 바위를 지탱하고 있는 돌을 치면서 바위가 흔들렸고, 그 바위가 흔들릴 때 뒤에 쌓여 있던 거대한 돌무더기가 곧바로 비탈길로 쏟아져 내리는 연속적인 효과가 나타난 것입니다. 이것이 나비효과의 이론입니다. 나비효과는 기대 이상의 결과를 가져오는 어휘이기도 합니다.

행복 흐뭇한 만족감입니다. 행복은 마음의 평화요, 흡족한 감정입니다. 행복은 쾌락과는 다릅니다. 쾌락은 자신의 어느 한 부분이 즐거운 상태이지만 감각적이며, 그 쾌락은 행복의 한 요소는 되어도 그것이 곧 행복은 아닙니다.

행복은 쾌락과 같이 우리의 생명에 피로감이나 권태감을 주지 않습니다. 행복은 쾌락보다 차원이 높고 그 질이 깊습니다. 행복은 정신적 만족감입니다. 그것은 깊은 즐거움이요, 흐뭇한 심정이요, 생명적인 희열이요, 평화스런 만족감입니다. 고대 그리스의 철학자 아리스토텔레스는 행복을 인간의 최고선(最高善)이라고 했습니다. 선(善) 중에 가장 으뜸가는 선이라는 것입니다. 행복은 인생 최고의 선일 뿐 아니라 최고의 목적이요, 욕구 중의 욕구입니다.

모든 강물이 어디로 흐르건, 전부 바다로 향하듯이 인간의 모든 행동은 결국 행복을 지향합니다. 조나단 에드워즈는 "모든 인간의 영혼은 필연적으로 행복을 갈망한다. 그것은 선인과 악인을 막론하고 인간 본성의 보편적 욕구이다"라고 했습니다. 행복이 특별한 것이라면 그것을 원하는 것이 욕심일 수 있겠지만 보편적 욕구이기에 누구나 행복할 권리가 있습니다.

그런데 현실을 보면 행복에 대한 추구는 있어도 성취는 없고, 욕구는 있지만 만족은 없습니다. 항상 찾고만 있을 뿐이지 행복을 찾았다는 사람은 극히 적습니다. 또 종종 행복을 언급하기는 하지만 자신 있게 나는 행복을 누리고 있다고 말하는 사람을 찾아보기 어렵습니다.

시인 호메로스(Homeros)는 「오디세이」에서 "인간은 행복한 사람보다도 불행한 사람이 두 배나 더 많다"라고 했습니다. 어찌 두 배 뿐이겠습니까? 요즘 세상을 보면 행복한 사람보다 불행한 사람이 몇 십 배나 더 많은 것 같습니다.

현대인들은 문명의 편리함 속에서 살고 있으면서도 행복하지 못합니다. 많이 누리고 있으나 만족은 없고 더 큰 욕구만 있을 뿐입니다. 의학의 발달로 평균 수명이 늘어났습니다. 80세가 되어도 죽는다는 생각을 거부하는 시대가 되었지만 더 오래 살고 싶은 욕심에는 만족이 없습니다. 밥은 밥솥이 하고, 빨래는 세탁기가 하고, 복잡한 업무는 컴퓨터가 다 처리하는데도 현대인들은 모두 시간에 쫓기면서 살고 있습니다.

옛날보다 많은 자유가 보장된 사회에 살고 있습니다. 인간 평등과 인권이 존중되는 시대입니다. 그럼에도 불구하고 자유를 달라는 요구와 인권을 위한다는 투쟁은 강도를 더해가고 있습니다. 교육의 질은 개선되는데 범죄는 날로 증가하고 있습니다. 사랑의 자유가 보장되었지만 이혼은 점점 많아지고 있습니다. 경제적으로 풍요로워졌지만 살기 어렵다는 말이 그치지 않습니다.

과연 무엇이 문제일까요? 이 세상에 행복보다도 불행이 더 많은 것이 인간의 불가피한 운명이요 속성일까요? 아니면 행복관이 잘못되었기 때문일까요?

우리는 누구나 행복할 권리가 있습니다. 그 권리를 누리려면 참된 행복이 무엇인가를 알고 행복을 누릴 수 있는 방법과 지혜가 필요합니다. 이를 위해 행복한 사람들의 이야기와 지혜들을 모았습니다. 함께 나누며 더불어 참된 행복으로의 길을 걷고 싶습니다. 이 책을 대하는 모든 분들이 나날이 즐겁고 아름답게 살아가기를 소망하며 행복에의 길로 초대합니다.

제1부 행복으로의 초대는 '겸손으로의 초대', '기쁨으로의 초대', '복음으로서의 초대', '축복으로서의 초대'이며, 2부에서는 '생수의 강으로의 초대', '자연으로의 초대', '빛 가운데로의 초대', '해피엔딩으로의 초대'로 마무리했습니다. 생활 중에 다양한 일들을 겪으며 예배와 기도, 나아가 나의 영성이 성장하여 자신감을 가지고 활력 있는 생활이 되기를 기대해 봅니다. 매일의 삶이 하나님을 중심으로 말씀을 묵상하고 오늘의 기도로 마음의 평강이 임하여 삼위일체 하나님이 자신과 함께 하고 있음을 고백하여 안정된 인생이 되어 주님 안에서 행복을 누리기를 소망합니다.

끝으로 『샬롬의 나비효과』는 현대인들에게 삶의 소망과 기쁨을 주님께로 인도할 것이며 나비효과와 같이 궁극적으로는 아름다운 신앙의 회복을 가져올 것입니다. 그리고 타인과의 생활에서 아름다운 격려의 실천으로 좀 더 성숙한 모습의 삶을 만들어 하나님을 기쁘시게 하는 독자가 될 것입니다.

소중한 책을 위하여 기꺼이 추천해 주신 장경동 목사, 김문훈 목사, 주성민 목사, 안도엽 목사, 조영구 방송인, 김민정 탤런트, 배영만 개그맨, 김경호 교수, 이평찬 가수, 김태희 시조시인과 축시를 보내주신 백정해 시인께 감사를 드립니다. 또한 편집하는 과정에서 배려와 격려를 아끼지 않고 세상에 출간할 수 있도록 도와주신 도서출판 해븐 염성철 대표께 감사의 마음을 전합니다. 대한민국 국민과 해외 교민 그리고 한국 교회 목회자와 성도들이 삶의 자리에서 따뜻한 격려로 한 마리 나비의 날갯짓과 같이 아름다운 세상을 만들어 가는 행복한 인생이 될 수 있기를 소망합니다.

저자 **최 선**

차 례

Part 1

행복으로의 초대

플라톤(plato)은 인간이 행복을 얻기 위해 필요한 다섯 가지 조건을 이야기했습니다. 첫째는 먹고 입고 살고 싶은 수준에서 조금 부족한 듯한 재산, 둘째는 모든 사람이 칭찬하기에 약간 부족한 용모, 셋째는 사람들이 자신이 만만하고 있는 것에서 절반 정도밖에 알아주지 않는 명예, 넷째는 겨루어서 한 사람에게 이기고 두 사람에게 질 정도의 체력, 다섯째는 연설을 듣고서 청중의 절반은 손뼉을 치지 않는 말솜씨, 곧 적당히 모자란 가운데 그 부족분을 채우기 위해 노력하는 것이 행복이라는 것입니다.

chapter 1

겸손으로의 초대

겸손은 모든 덕의 원천이요 그 뿌리입니다. 한 그루의 나무에는 수많은 가지가 있고 수많은 잎이 돋고 수많은 꽃이 피고 수많은 열매가 맺히지만 만일 그 뿌리가 잘리고 나면 그것들은 일시에 모조리 시들어버리고 맙니다.

신앙생활에는 수많은 덕행의 열매가 있기 마련이지만 만일 겸손의 뿌리가 잘리고 나면 그것들도 모조리 시들어버리고 마는 것입니다. 사람들은 뿌리의 위를 밟고 돌아다니면서도 무시해버리거나 아예 생각조차 하지 않고 있습니다. 그러나 뿌리야말로 나무 전체의 생명을 보존하고 있는 장본인입니다. 그 뿌리가 한 나무의 생명을 먹여주고 있는 것입니다. 겸손의 덕이 바로 그러합니다.

겸손한 사람일수록 그 자신이 보이지 않고 그러기에 외모에 있어서도 결코 찬란한 점이 없습니다. 그러나 이 겸손이야말로 그 사람의 도덕적 행동은 물론 인격과 신앙의 생명 전체가 좌우되는 덕인 것입니다.

겸손하게 섬기는 삶을 살자

인생을 살아가면서 소중한 것은 나와 다른 이들과도 연합할 수 있는 넓은 마음을 가지는 것입니다. 그러나 그것이 우리의 인성과 성품에서 쉽게 나타나지 않기에 나를 힘들게 하는 것들이 종종 있게 됩니다.

헤브론은 그래서 중요합니다. 원어로 '하바르'라고 하며 '연합하다' '결합하다' '단합하다'라는 뜻으로 하나님의 울타리 안에서 지혜롭게 하나님과 연합하고 결합하여 겸손하게 섬긴다는 상형적인 의미를 담고 있습니다. 헤브론을 상형적인 의미에서 말했듯이 '바브'는 '결합하다' '연결하다'라는 의미를 가지고 있습니다. 아브라함은 세겜에서 새벽 일찍 일어나 성실하게 하나님을 섬겼습니다. 물론 헤브론에서도 제단을 쌓고 하나님과 언제나 연합하고 결합하여 겸손하게 주님을 섬기는 신앙을 잊지 않는 모습을 보여 주었습니다.

그러면 나는 과연 누구와 결합되어 있는가에 대하여 깊이 생각해 보아야 합니다. 세상인가? 아니면 주님인가? 아니면 재물이 나의 삶에 주인이 되어 재물을 섬기고 있는가를 말입니다. 우리 모두 하나님을 기쁘시게 하는 성도들이 되어야 하겠습니다.

☙ 묵상

겸손(謙遜)은 모든 덕의 원천이요 그 뿌리입니다. 한 그루의 나무에는 수많은 가지가 있고 수많은 잎이 돋고 수많은 꽃이 피고 수많은 열매가 맺히지만 만일 그 뿌리가 잘리고 나면 그것들은 일시에 모조리 시들어버리고 맙니다.

신앙생활에는 수많은 덕행의 열매가 있기 마련이지만 만일 겸손의 뿌리가 잘리고 나면 그것들도 모조리 시들어버리고 마는 것입니다. 사람들은 뿌리 위를 밟고 돌아다니면서도 무시해버리거나 아예 생각조차 하지 않고 있습니다. 그러나 뿌리야말로 나무 전체의 생명을 보존하고 있는 장본인입니다. 그 뿌리가 한 나무의 생명을 먹여주고 있는 것입니다. 겸손의 덕이 바로 그러합니다.

겸손한 사람일수록 그 자신이 보이지 않고 그러기에 외모에 있어서도 결코 찬란한 점이 없습니다. 그러나 이 겸손이야말로 그 사람의 도덕적 행동은 물론 인격과 신앙의 생명 전체가 좌우되는 덕인 것입니다. 나아가서 우리의 신앙과 인격이 더욱 자라서 더 많은 결실을 얻으려면 그 뿌리가 되는 겸손의 덕도 더욱 깊이 박혀야 합니다. 뿌리가 깊이 박혀야만 가지의 열매가 더 많이 맺힌다는 말은 평범한 진리이면서도 많은 의미를 담고 있습니다.

✝ 오늘의 기도

주님, 우리의 삶이 주님과 연결되어 합력하여 선을 이뤄 드리는 복된 생활이 되게 하시고 마음의 겸손과 온유함으로 그리스도인으로서 온전한 삶을 살아가게 하옵소서.

나의 버팀목은 오직 예수

성경 속에서 인간의 성적인 타락과 심판의 실상을 잘 보여 주는 것이 소돔이라는 것을 알 수 있습니다. 역사적으로 소돔이라는 곳은 문명이 발달되었던 도시였습니다. 소돔은 보편적으로 사람이 살기 좋은 지역으로 선호하는 곳이었습니다. 그러나 죄악이 도를 넘어 타락의 온상이 되었던 장소이기도 합니다. 창조주 하나님을 믿지 않고 인본주의로 흘러갔던 도시 소돔은 심판을 받았습니다.

자신들이 그렇게 믿었던 버팀목 같은 도시는 하나님의 심판을 피할 수 없어서 폐허가 되었던 것입니다. 에스겔은 소돔의 죄악에 대해서 자세하게 선포하고 있습니다. 소돔의 죄악들이 낱낱이 기록되어 있는 미드라쉬에 보면 소돔에는 잔인한 법도 있음을 엿볼 수 있습니다.

첫째, 가난한 자들에게 먹을 것을 주지 말라.

둘째, 손님을 절대 대접하지 말라.

셋째, 소돔을 지나가는 나그네에게 모든 것을 빼앗아야 한다.

넷째, 부요한 사람들의 재산을 탈취하라.

위와 같은 악법을 가지고 살았으니 타락의 길로 갈 수 밖에 없었습니다. 죄악으로 가득 찼던 소돔을 하나님은 진노의 심판으로 흔적도 없이 사라지게 하였습니다. 그러므로 환경과 재물이 버팀목이 아니라 오직 하나님만이 나의 주인임을 고백하면서 이웃사랑을 실천하는 성도가 되시기를 예수 그리스도의 이름으로 축복합니다.

✍ 묵상

전도를 너무 잘하는 여대생이 있었습니다. 그 학생은 평소에도 얼마나 하나님의 말씀에 감동 받고 전도를 잘하는지 항상 '주님 없이 살 수 없어요'라는 말을 입에 붙이고 살 정도였습니다. 그래서 '주님 없이 살 수 없어요'라는 별명까지 생겼습니다.

그런데 하루는 그 여대생이 목사님을 찾아와서 이렇게 말합니다. "목사님, 저는 오늘 굉장히 새롭고 놀라운 사실을 발견했어요." 그러자 목사님은 "그 주님 없이 살 수 없다는 얘기 말인가?"라고 물었습니다.

그러자 그 여대생은 고개를 저으며 이렇게 대답했습니다. "아니에요, 목사님, 그보다 더 위대한 사실을 깨달았어요. 그것은 나뿐만 아니라 하나님께서도 나 없이 사실 수 없다는 사실이에요."

하나님을 사랑하는 사람은 그 사람만이 아는 큰 행복이 있습니다. 이것은 사랑해 보지 않고서는 알 수 없는 행복이므로 말로 다 설명할 수가 없습니다. 여러분, 사랑해 보십시오. 그러면 사랑하는 사람이 가지는 행복을 누리게 될 것입니다.

✟ 오늘의 기도

우리의 버팀목 되신 주님, 오늘 하루의 생활 속에서 어려움이 있어도 오직 하나님을 바라보고 주님만을 섬기는 참된 성도가 되게 하옵소서.

하나님 말씀을 삶에 적용하자

창세기 12:6의 말씀에 아브람이 "상수리나무에 이르니라"고 기록되어 있습니다. 상수리나무는 원어로 '엘론'이며 힘 있는 권세자로, 하나님께 말씀을 배우고 나의 삶에서 적용하여 마치 하인처럼 겸손히 주인을 섬긴다는 상형적인 의미를 가지고 있습니다.

믿음의 조상 아브라함이 상수리나무에서 권세 자 하나님을 만났습니다. '엘론'이라는 상형적인 단어에서 계시하고 있는 것처럼 하나님은 상수리나무에서 아브라함에게 말씀을 가르치고 깨닫게 하셨습니다. 또한 세겜 땅에서 새벽마다 부지런히 기도할 때에 상수리나무에서 전능하시고 창조주 되신 하나님을 만나는 축복을 주셨습니다. 아브라함은 생명의 말씀을 묵상하면서 주님과 대화를 하는 신앙을 지녔던 것입니다.

그렇다면 우리도 권세 자이신 하나님을 성실하게 만나야합니다. 그 진리의 말씀을 잘 배우고 나의 삶속에 잘 적용하는 것이 무엇보다 중요한 것입니다. 생명의 진리 말씀을 듣고 실천하지 않는다면 마치 죽은 신앙인 것입니다. 과거에 하인이 주인을 부지런히 섬겼던 것처럼 우리 크리스천들도 신앙과 재물 그리고 세상의 염려에 푹 빠져서 두 주인을 섬기는 어리석은 백성들이 되지 않기를 바랍니다. 인생의 주인이신 하나님을 만나고 말씀을 철저히 믿고 바르게 적용하여 많은 열매를 거두는 삶이되시기를 축복합니다.

✍ 묵상

하나님의 말씀을 묵상하는 시간을 흔히 경건의 시간이라고 합니다. 대개 경건의 시간은 아침에 갖습니다. 그러나 짐 다우닝은 경건의 시간을 매일 밤 취침 5분 전에 시작할 것을 권유했습니다. 왜냐하면 잠들기 5분 전의 생각이 무의식을 좌우하기 때문이라는 것입니다. 이것은 우리가 경험을 통해서 얼마든지 확인할 수 있습니다. 잠들기 5분 전의 생각이 그날 밤 꿈을 결정할 때가 많습니다.

우리는 꿈을 먹고 자랍니다. 큰 인물들은 꿈을 꾸는 사람들입니다. 그들은 봄에 하늘거리는 작은 아지랑이를 보면서 새로운 것을 기대하고, 긴 겨울 밤 타는 장작불 사이로 새로운 미래를 꿈꿉니다. 대부분의 사람들은 이런 위대한 꿈을 죽여 사라지게 하지만, 소수의 인물들은 그 꿈에 물을 주고 가꾸어 갑니다. 어렵고 힘든 날들을 지날 때, 그들은 다시 태양이 떠올라 따사로운 햇살이 비췰 것을 믿고 진심으로 꿈이 이루어질 날을 기다립니다.

사람이 꿈을 만들어 낼까요? 아니면 꿈이 사람을 만들어 낼까요? 결론은 꿈은 사람을 만들고 사람은 꿈을 만듭니다.

✝ 오늘의 기도

거룩하신 하나님, 창조주이신 주님을 만나 성령의 충만함으로 성숙한 성도가 되어 주님께 영광을 돌리게 하옵소서.

새벽에 도우시는 하나님을 만나자

새벽에 하루를 시작하는 사람들이 있습니다. 특히 크리스천들은 성령의 충만함과 생명의 말씀을 통하여 하나님을 만나면서 하루를 시작해야 할 것입니다.

창세기 33장에 나오는 '세겜'의 원어는 '셰켐'으로 어깨, 산마루라는 뜻과 하나님의 말씀을 빻고 씹어서 먹는다는 상형적인 의미를 담고 있습니다. '셰켐'은 샤캄이라는 말에서 나온 '새벽, 아침, 일찍 일어나다, 부지런히'라는 단어의 어근에서 나왔습니다. 그래서 아브라함은 세겜이라는 땅에서 부지런히 하나님의 말씀을 새벽마다 묵상하면서 주님을 만났습니다. 누구보다 새벽 일찍 하나님을 만나는 신앙의 삶을 살았습니다. 그렇다면 이 시대에 우리도 새벽에 하나님을 만나는 삶을 살아야 합니다.

하나님께서 홍해의 기적을 나타내실 때에도 새벽이었습니다. 그리고 "새벽에 하나님이 도우시리로다"(시 46:5)라고 말씀을 하였으니 그리스도인들은 새벽을 깨워야 합니다. 아브라함이 세겜 땅에서 새벽에 일찍 일어나 하나님께 제단을 쌓았고, 부지런히 하나님을 섬겼던 것처럼 우리 크리스천들도 새벽을 깨워 부지런히 창조주 하나님을 섬겨야합니다. 왜냐하면 새벽에 하나님이 우리를 도와주시기 때문입니다.

그러므로 한 주간 삶을 살아가면서 무엇보다 하나님을 새벽에 만나는 축복으로 믿음 생활에서 반드시 승리하시는 성도들이 되시기를 예수 그리스도의 이름으로 축복합니다.

✍ 묵상

　영국의 유명한 스펄전 목사는 부흥회를 마치고 기차를 타고 돌아오고 있었습니다. 그는 차표 검사 중에 자기가 차표와 지갑, 신분증을 다 잃어버렸다는 것을 알았습니다. 그래서 주위를 두리번거리고 있는데 옆에 있던 사람이 왜 그러냐고 물었습니다.

　스펄전은 차표를 잃어버렸다고 했습니다. 그리고는 "하나님이 저의 사정을 다 아시니까 걱정하지 않습니다"라고 말했습니다.

　그때 승무원이 다가와서 스펄전 옆에 앉아 있는 사람에게 정중하게 인사를 하고 이런저런 이야기를 하더니 그냥 지나가는 것이었습니다. 스펄전이 이상히 여겨 옆에 앉은 사람에게 물었습니다. "왜 내 차표 검사는 안하지요?"

　그는 "하나님이 당신을 위해 나를 여기 앉게 하신 것 같습니다. 나는 이 기차의 총 관리인입니다"라고 대답했습니다. 하나님이 도와주시고 지켜 주시면 어려울 것이 없습니다.

♰ 오늘의 기도

　생명의 하나님, 인생의 주인이신 주님을 바라보며 기도와 말씀을 통해 성령 충만하고 경건의 삶으로 복된 신앙생활이 되게 하옵소서.

약속하신 계약은 오직 예수님

구약의 죄인은 제사를 통해서 하나님을 만났습니다. 제사는 하늘의 하나님께 올라갔습니다. 우리의 예배도 신령과 진리로 드릴 때 하늘의 하나님께 상달되는 것입니다.

이것을 창세기 9:9에 "내가 내 언약을 너희와 너희 후손과"라고 말씀하고 있습니다.

히브리어로 언약은 '베리트'입니다. 그것은 언약, 계약, 협정으로 표현되며 십자가의 예수님 안에서 첫 번째로 사역하신다는 상형적인 의미를 담고 있습니다. 언약은 하나님이 인간에게 처음으로 하신 약속입니다.

첫 번째 언약은 예수님입니다. 구원을 약속한 분이 예수님입니다. 그래서 히브리어 알파벳 '타브'는 십자가를 상징하며 끝, 종결, 사역의 마침을 의미합니다. 하나님께서 우리에게 약속하신 언약은 바로 예수님입니다. 주님이 십자가에 달리심으로 언약을 종결지으셨습니다.

우리는 예수님의 이름으로 하나님께 나가기만 하면 됩니다. 하나님이 우리에게 약속하신 계약은 예수님입니다. 내가 예수님을 앞장 세워 나갈 때에 하나님은 우리와 계약하신 것을 인정하십니다. 그러나 주님을 앞장세우지 않는 모든 계약은 무효가 됩니다. 십자가에서 영원한 속죄를 하셨기 때문입니다. 모든 속죄를 끝내신 분은 주님 한 분 밖에 없습니다. 언약을 믿음으로 삶의 현장에서 승리하는 제자가 되시기를 축복합니다.

✍ 묵상

올림픽에 출전한 달리기 선수를 한번 생각해 봅시다. 그들은 매일같이 고통스러운 훈련을 하지만 그 고통을 원망하지 않습니다. 꿈이 있기 때문입니다. 사실 그들은 약속되어 있지 않은 불확실한 꿈, 메달을 딸지 못 딸지 모르는 불확실한 꿈을 가지고도 고통을 잘 견딥니다.

반면 우리에게는 확실한 꿈이 있습니다. 그리스도를 믿는 자에게 약속된 부활과 영원한 하늘나라가 있습니다. 그럼에도 우리는 원망합니다. 왜일까요? 하나님의 그 약속을 믿지 못하기 때문입니다. 아니면 처음에는 믿었지만 시간이 지나면서 확신을 잃어버렸기 때문입니다.

그래서 성경은 말합니다. "우리가 시작할 때에 확신한 것을 끝까지 견고히 잡고 있으면 그리스도와 함께 참여한 자가 되리라"(히 3:14).

하나님이 약속하신 땅은 영원한 생명의 땅입니다. 하나님은 주 예수 그리스도를 믿는 자에게 그 땅을 약속하셨습니다.

✟ 오늘의 기도

약속을 반드시 지키시는 주님, 하나님이 우리에게 약속하신 구원자 오직 예수님을 믿으며 흔들리지 않는 군건한 신앙생활로 살게 하옵소서.

생명의 계약, 예수

사람들은 비가 온 뒤나 특별한 이유 없이 무지개가 뜨면 좋은 징조라고 기뻐합니다. 구약에서 하나님은 노아에게 무지개를 통하여 약속하셨습니다. 홍수로 더 이상 심판하지 않겠다는 증표를 보이셨습니다.

무지개는 예수님의 십자가 때문에 하나님의 진노가 풀어진다는 것을 의미하기도 합니다. 인간은 본질적으로 태어나면서부터 매우 악한 존재입니다. 하나님의 진노만 살 뿐입니다. 그러나 예수님의 십자가 사건 때문에 하나님의 진노가 풀어진 것이었습니다. 주님이 십자가에 달림으로 나에게 생명을 약속하셨습니다. 이제 더 이상 심판을 하지 않겠다고 약속하였습니다. 그러므로 예수님 안에 있으면 누구든지 심판에서 해방을 받을 수 있는 것입니다.

예수님은 주님의 말씀을 듣고 성부 하나님을 믿는 자는 영생을 얻었다고 말씀하셨습니다. 이미 과거형으로 생명을 얻은 것입니다. 심판에 이르지 않는다고 하셨으며 사망에서 생명으로 옮겨졌다고 말씀하셨습니다. 무지개 속에 이미 예수님을 계시하고 있는 것입니다.

하나님께서는 십자가의 거룩하신 이름으로 말미암아 심판을 받지 않고 구원 얻을 것을 계시해 주셨습니다. 그러므로 주님이 나를 먼저 선택하신 은총을 힘입어 믿음으로 승리하시길 예수 그리스도의 이름으로 축복합니다.

✍ 묵상

살아있는 싱싱한 물고기를 회로 먹어보면 바닷물이 짠데도 불구하고 짠맛이 전혀 없습니다. 오히려 소금 물속에서 이렇게 단맛이 날 수 있을까 하는 의문이 생길 정도입니다. 그런데 죽은 물고기는 소금물에 넣으면 그만 짠맛이 되고 맙니다. 다 같은 소금물인데 결과는 이렇게 다른 것입니다.

이것이 생명의 신비입니다. 물고기는 살아 있는 동안 짠물만 먹고 살지만 하나님께서 물고기의 생명 속에 바닷물을 잘 걸러낼 수 있는 능력을 부여하신 것입니다. 생명은 눈에 보이지 않는 것 속에 있습니다. 물고기 안에서 알이 부화하여 거기에서 생명이 자랄 때 이미 그 알 속에는 생명의 구조와 기능과 모든 원칙이 들어 있는 것입니다.

✝ 오늘의 기도

거룩하신 사랑의 주님, 주님께서 우리를 위하여 성육신하심으로 생명의 계약을 통해 구원하신 것을 믿고 살아가는 성도가 되게 하옵소서.

자신을 하나님께 드려라

구약의 죄인은 제물을 가지고 와야만 했습니다. 피가 없으면 제사가 이루어 질 수가 없습니다. 왜냐하면 죄인 대신 피 흘릴 희생제물이 필요했기 때문입니다. 그리하여 성도는 제단을 통해 하나님을 만났고 죄 사함을 받을 수 있었습니다. 그렇다면 영적인 제단은 무엇일까요? 바로 '나'입니다. 내가 제단이 되어야 합니다. 나의 몸은 성령이 임하는 주님의 전입니다. 제단은 부서지는 곳이며 또한 죽이는 곳이기도 합니다. 무엇보다 나의 자아를 주님께 죽이는 장소인 것입니다. 반드시 피를 흘려야하며 오직 예수님의 거룩한 보혈이 흐르는 곳입니다.

결국 제단은 생명이 살아나는 곳입니다. 동물들이 죽음으로 죄인이 살아났습니다. 예수님이 죽으심으로 내가 살아났고 내 안에 십자가의 예수님이 살아나야 진정한 제단이 되는 것입니다. 제단에서 제물을 드렸던 것처럼 이 시대에는 자신을 하나님께 드려야합니다.

구약은 동물의 피로 구원을 받았고 신약은 예수님의 피로 구원을 받습니다. 구원 받은 그리스도인들은 자신이 제물이 되어 하나님께 드려집니다. 이것이 바로 영적 예배인 것입니다 내가 하나님께 철저히 드려지고 있는지 점검해 봐야 합니다. 그러므로 오직 나의 죄를 위하여 속죄물이 되어 주신 예수님의 구속의 은혜를 기억하면서 믿음으로 승리하시길 예수 그리스도의 이름으로 축복합니다.

✍ 묵상

남편을 일찍 여의고 아들 하나만을 키우며 살아온 여인이 있었습니다. 그녀는 매우 신실한 기독교인으로 늘 교회 일에 앞장 서 왔으며 예수님을 위해서는 생명까지도 내놓을 각오가 되어 있는 것처럼 보이는 여인이었습니다.

그런데 어느 날부터인지 그 여인에게 이상한 증세가 나타났습니다. 괜히 불안하고 마음이 답답하였으며 모든 일에 의욕을 상실해 가는 것이었습니다. 그녀는 하나님께 더욱 열심히 기도하며 매달렸습니다. 그러던 중에 그녀는 마음속으로부터 울려나오는 하나님의 음성을 들었습니다. "너는 너의 모든 것을 나에게 바치지 아니하였느니라."

그녀는 아들에게 "나는 지금껏 나의 모든 것을 바쳐 주님을 섬겨 왔다. 주님께서 내 재산을 모두 원하시면 다 드릴 수 있으며, 내 생명을 원하시면 바칠 각오가 되어 있단다. 그런데 나의 모든 것을 바치지 않았다니 여기에서 더 무엇을 바쳐야 하느냐?"

"제가 아프리카 선교사로 지원한 사실을 알고 계십니까?"

그녀는 아들을 똑바로 쳐다보며 크게 소리쳤습니다. "오, 주여! 제발 저에게서 아들만큼은 빼앗아가지 마십시오." 그녀에게는 생명보다 더 소중한 한 가지가 남아 있었습니다.

✟ 오늘의 기도

주님, 하나님 말씀에 영육이 생명을 얻고 새 힘을 얻어 삶의 여정에서 자신을 드려 온전히 승리하는 성도가 되게 하옵소서.

하나님께 선택된 백성

로마 시대 유괴된 아이나 포로를 찾아오기 위해, 또는 노예를 해방을 시키기 위해서는 반드시 대가를 지불해야만 했습니다. 대가로 쓰이는 '돈', '소중한 물건', '목숨'을 통칭해서 대속물이라고 명명합니다. 히브리어로는 '코페르'라고 합니다. '코페르'는 몸값, 속전, 속죄금, 대속물 등으로 표현하는 단어로 시작과 끝이 되시는 예수님을 선포함으로 자신의 것으로 소유한다는 상형적 의미를 담고 있습니다.

하나님은 노아에게 방주를 짓고 역청을 바르라고 하셨습니다. 히브리어의 역청은 예수님을 상징하는 속죄금, 몸값이라는 뜻을 가지고 있습니다. 예수께서는 십자가에서 보혈의 피를 흘려 택한 인류의 모든 죄를 사해 주셨습니다. 인간은 예수님의 피가 없이는 아무도 죄 사함을 받을 수가 없습니다. 교회는 예수님의 보혈로 칠해져 있어야 합니다. 방주를 역청으로 칠했다는 것은 예수님의 피를 상징하고 있으며 역청을 바르지 않으면 물이 스며들어 방주가 가라앉게 됩니다.

따라서 교회가 예수님의 보혈로 덮이지 않고 성도가 예수님의 피로 칠해지지 않으면 세상에 빠져 버리게 됩니다. 그리스도의 속량에 의해 율법의 저주에서 해방되고 율법의 지배가 끝난 것임을 반드시 기억하고 오직 나의 죄를 위하여 속죄물이 되어 주신 예수님의 구속의 은혜를 기억하면서 믿음으로 승리하시는 복된 성도님이 되시기를 예수 그리스도의 이름으로 축복합니다.

✍ 묵상

그 많은 태양과 우주의 별 가운데서 하나님은 이 조그마한 지구를 택하시고, 그 지구 가운데서도 가나안의 조그마한 땅을 택하시고, 그 땅 여러 민족 가운데 가장 적은 민족인 이스라엘 사람들을 택하셨습니다(신 7:7).

그리고 이스라엘 가운데서도 너무나 작아서 유대 족속 중에서도 무시당하고 있는 베들레헴 성을 택하시고, 또 그 베들레헴 자체 안에서도 구유를 선택하셨습니다. 이 구유에서부터 십자가에까지 이상의 선택원리는 그대로 통합니다.

하나님은 미천한 것들을 택하십니다. 그렇게 미천한 자들을 택해서 하시는 일이 있습니다. 이러한 모든 것은 하나님의 위대한 계시에 귀착됩니다. 이것은 하나님의 거룩하신 성품의 질투심이 행하는 '미련한 방법'입니다(고전 1:21, 25-27). 곧 미천한 것들을 선택하는 것은 하나님이 영예를 얻으시는 방법입니다.

✟ 오늘의 기도

부족한 자를 선택해 주신 주님, 이 땅에 살아가는 동안 십자가 보혈의 대속물로 구원하여 주신 크신 은혜를 잊지 않고 복음을 전하는 성도가 되게 하옵소서.

진리를 운반하는 성도 되자

창세기 6장 14절에 등장하는 '고페르'라는 히브리 단어는 하나님 진리의 말씀으로 시작하여 선포하고 마지막도 말씀으로 지혜롭게 끝을 맺으며 진리의 말씀을 운반한다는 상형적인 의미를 담고 있습니다. 또한 방주를 지었던 고페르 나무는 '유숙하다'라는 뜻을 가지고 있습니다. 방주는 하나님이 세워주신 이 시대에 교회를 상징하기도 합니다.

여호와 하나님께서 고페르 나무로 방주를 지으라고 명령을 하였듯이 현대를 살아가는 우리는 교회를 향한 하나님의 계시를 살펴보아야만 합니다. 그것은 예수 십자가의 복음을 선포하는 사역이 우선 되어야 한다는 것입니다. 시작도 오직 예수 그리고 마지막도 예수님으로 끝내야 합니다. 좌로나 우로나 치우치지 말고 교회는 세상을 향하여 반드시 생명의 진리만을 온 땅에 운반해야 할 사명이 있는 것입니다. 방주 안에 들어 와야 홍수심판에서 살 수 있듯이 교회는 예수님을 구주로 영접한 사람들이 모인 공동체입니다. 그곳에서 예수님을 영접하고 교회 안에서 진리를 항상 선포하고 생명의 말씀을 운반해야 합니다. 그리고 선택받은 많은 백성들을 예수께로 인도하는 의무가 있음을 의식하며 살아야하는 것입니다.

그러나 그 사명을 감당하지 못하면 교회가 세상으로부터 지탄을 받게 되는 것입니다. 그러므로 진리를 바르게 운반해서 구원선의 역할을 잘 감당할 수 있는 성도가 되시기를 예수 그리스도의 이름으로 축복합니다.

♨ 묵상

한 아이가 주일학교 시간에 진리의 말씀인 하늘나라에 대한 이야기를 듣고 마음이 설레기 시작했습니다. 아이는 집으로 돌아와서 엄마에게 말했습니다. "엄마. 하나님이 우리를 위해서 하늘나라를 준비하셨다는 것을 오늘 배웠어요. 하늘나라는 참으로 아름답고 좋은 곳이래요."

듣고 있던 엄마는 아이의 말이 옳다는 듯이 머리를 쓰다듬어 주며 칭찬을 해 주었습니다. 아이는 다시 엄마에게 말했습니다. "엄마, 엄마는 다른 여행준비는 언제나 철저하게 준비하시면서 그 아름다운 하늘나라 여행을 위해서는 왜 준비를 하지 않으세요?"

✟ 오늘의 기도

주님, 일평생 오직 생명이신 예수님만 전하는 교회와 성도들이 되게 하시고 진리의 말씀 가운데 거하는 성도의 삶을 충실하게 살게 하옵소서.

십자가 방주에 들어가자

구약 바로 왕 시대에 남아들이 태어나면 모두 죽이라는 무서운 명령이 내려졌을 때, 한 부모는 아이를 살리기 위해 갈대상자에 넣고 강에 띄웠습니다. 이집트의 공주는 목욕을 하러 갔다가 그 갈대 상자를 발견하였고 그녀를 통하여 모세가 살아났습니다.

방주, 상자는 히브리어로 '테바'라는 단어를 사용합니다. 그것은 십자가에 달린 예수님 안에서 함께 호흡을 하며 기도하고 예배를 드린다는 상형적인 의미를 가지고 있습니다.

노아는 방주를 짓고 홍수 심판이 일어날 때에 방주 안으로 들어감으로 생명을 보전하고 구원을 받았습니다. 노아의 방주는 노를 젓거나 돛을 달아 어디로든 사람에 의하여 향해하는 것이 아니라 물에 둥둥 떠 있는 나무 상자였을 뿐이었습니다. 그것은 전적인 하나님의 인도를 받았습니다. 그래서 방주는 홍수 심판의 물 위에서 구원하시는 그리스도를 상징합니다.

마지막 날에 심판이 있을 때, 우리가 할 수 있는 길은 오직 십자가 예수님 안으로 들어오는 길 외에는 답이 없습니다. 예수님 안에서 영적으로 호흡하고 예배를 드리는 신앙의 삶이 심판을 면할 수 있는 길입니다.

하나님 섭리의 구원사역에 동참하는 성도가 되시기를 예수 그리스도의 이름으로 축복합니다.

✍ 묵상

십자가가 기독교의 상징이 된 것은 충성스런 첫 번째 전사였던 콘스탄틴 대제 때부터입니다. 콘스탄틴 대제는 312년 밀미안 교량전투 때 하늘에 나타난 불 십자가와 "이 표로 승리하리라"라는 불 표적을 보았습니다.

그리하여 그는 십자가를 그린 군기를 앞세우고 병사들의 방패에는 그리스도라는 희랍어의 첫 글자 X를 새기게 하여 싸움에서 대 승리를 거두었습니다. 수치와 압제의 상징이었던 십자가가 그 후로 명예와 주권의 상징이 되었고 모든 나라들이 십자가를 교회의 상징으로 택하게 되었던 것입니다.

그러나 우리는 자칫 십자가가 상징이 되었듯이 우리의 신앙마저도 상징이 되어서는 안 될 것입니다.

✟ 오늘의 기도

방주 되신 주여, 신앙생활 가운데 오직 십자가에 달린 예수님의 대속 안에서 영적으로 호흡하고 범사에 기도와 감사의 예배를 드리는 성도가 되게 하옵소서.

구원 받아 생명을 보존하는 축복

이 땅의 사람들은 인류의 조상 아담과 하와의 죄악으로 말미암아 하나님을 떠나게 되었습니다. 그 후에도 아담의 계보를 따라 자손들은 태어났고 타락한 인간들의 포악함이 땅에 가득하므로 인하여 종말의 사태를 맞이하게 되었습니다.

당시에 여호와 하나님을 인정하지 않고 사람들이 부패하여 우악스럽고 포악함이 온 땅에 가득하였습니다. 말세를 직감한 노아는 하나님의 심판을 받아들이고 방주를 짓기 시작하였습니다.

그 시대에는 사람들이 비를 본 적도 없었기에 하늘에서 물이 내린다는 생각을 하지도 못한 시대였습니다.

그러나 노아는 하나님의 말씀을 믿었으며 겸손하게 순종하여 방주를 제작하는 열심을 보였습니다. 노아라는 이름 속에서 계시하고 있듯이 노아는 겸손하게 하나님을 섬김으로 방주에서 구원을 받았으며 생명을 얻는 축복을 받았습니다.

예수 그리스도께서는 마지막 날에는 노아의 때와 같다고 말씀하셨습니다. 재림과 종말의 심판은 반드시 옵니다. 구름타고 오시리라고 했습니다. 과학문명으로는 이해가 되지 않지만 우리는 오직 믿음으로 준비해야 합니다. 그리스도인들은 생명의 진리인 하나님의 말씀을 겸손하게 읽고 듣고 방주를 준비해 생명을 보존하는 성도가 되시기를 축복합니다.

✍ 묵상

자신의 신변안전에 남달리 신경을 쓴 인물이 있습니다. 과테말라 대통령 알폰소라는 사람입니다. 그는 대통령 관저를 중심으로 반경 2km 안에 있는 건물 중에 관저 쪽으로 난 창문은 무조건 폐쇄시켜 버린 사람입니다. 이런 인물이니 자신의 신변 안전을 위한 극성이 오죽했겠습니까?

그는 친위대를 제외하곤 어느 누구도 무기를 휴대한 채 자기 관저에 출입하는 것을 금했습니다. 주치의는 하루 세 번씩 그를 검진했고 어떤 물건이라도 친위대의 엄격한 사전 검사 없이는 절대로 관저 안으로 가지고 들어갈 수 없었습니다. 음식물은 검사관이 시식한 다음이라야 그의 식탁에 오를 수 있었습니다.

사람이 아무리 자기의 생명을 지키려 해도 하나님의 섭리를 벗어날 수 없습니다. 참새도 하나님의 허락이 없이는 떨어지지 않는다고 하셨습니다. 인간은 유한한 자신의 존재를 깨닫고 무한하신 하나님을 만나는 길이 생명의 길입니다.

✟ 오늘의 기도

은혜의 주님, 오직 믿음으로 말씀에 순종하고 생명을 보존하고 살리는 영혼구원의 사역에 충성하는 한국교회 성도들이 되게 하옵소서.

깨어 있는 신앙인이 되자

창세기 5:22의 므두셀라는 '메두셀라흐'라는 히브리어로 사용되고 있습니다. 그 이름은 "거룩하고 전능하신 하나님을 배우고 나의 육체와 영혼에 바로 익혀 가르치면서 십자가에 달리신 예수님으로 말미암아 생명을 얻는다"라는 상형적인 의미를 담고 있습니다.

'메두셀라흐'라는 이름 속에는 '보낸다'라는 의미도 함께 가지고 있습니다. 왜냐하면 므두셀라가 사망한 그 해에 노아 홍수 심판이 일어났기 때문입니다. 므두셀라는 969세를 이 땅에서 살다가 죽었는데 사망한 그 해, 노아가 600세에 하나님께서 천하를 홍수로 심판하셨습니다. 이처럼 무드셀라의 이름에서 계시되듯이 우주의 마지막 때에도 하나님의 심판이 반드시 올 것입니다. 그러나 믿음의 성도는 예수 그리스도를 통하여 구원을 얻습니다. 이것은 나의 공로가 아닌 전폭적인 아가페 사랑으로 건짐을 받는 것입니다.

에녹은 자신의 아들 므두셀라를 선물로 받고 하나님의 계시를 알았습니다. 그는 영적으로 깨어 있는 300년 동안 하나님과 동행하는 축복을 받은 것입니다. 깨어 있지 않으면 홍수 심판 때에 그들이 죽었듯이 마지막 날에 홀연히 심판을 당하게 될 것입니다. 그러므로 이 시대에 우리도 영적으로 날마다 깨어 있어 하나님의 심판이 온다는 사실을 인지하고 하늘의 은혜를 받는 거룩한 성도가 되시기를 예수 그리스도의 이름으로 축복합니다.

✍ 묵상

미국 부시 행정부에서 법무장관을 지낸 존 애시크로프트라는 사람이 있습니다. 그는 취임 전부터 미국사회에서 신앙과 인격으로 인해 주목을 받았던 사람입니다. 목사의 아들로 태어난 그는 자신의 과거를 돌이켜볼 때 가장 중요한 것은 하나님을 섬기는 것이었다고 말합니다.

그리고 1998년도에는 『아버지가 아들에게 주는 교훈』이라는 책을 발간하여 수많은 사람들에게 감동을 주었습니다. 그는 그 책에서 말하기를 "나는 항상 성직자 같은 마음으로 공직에 임했다. 나는 모든 결정을 하나님의 가르침에 근거했으며 어려움이 있을 때마다 항상 하나님께 기도하여 답을 구했다"라고 하였습니다.

그가 어떻게 불신앙으로 치닫고 있는 미국 사회에서 도덕성과 지성, 영성으로 신선한 바람을 일으킨 지도자가 될 수 있었을까요? 그의 부모로부터 받은 신앙유산이 있었음을 보게 됩니다. 자녀들에게 유언으로 남겨야 할 것이 무엇이어야 하는가를 생각하게 하는 도전을 줍니다.

♰ 오늘의 기도

깨어 있으라 하신 주님, 심판이 가까이 왔음을 깨닫고 가정과 교회와 직장에서 늘 깨어서 쉬지 말고 기도하는 복된 삶이 되게 하옵소서.

하나님 보호 안에서 살자

 오늘의 등장인물은 에녹입니다(창 5:21). 히브리어로 '하노크' 라고 표현합니다. 히노크는 '전수자'라는 뜻을 지니고 있습니다.

생육하고 번성하는 것은 하나님이 사람에게 주신 축복입니다. 에녹은 므두셀라를 낳았고 무려 300년 동안이나 하나님과 동행했던 인물입니다. 그리스도인들은 평소에 누구와 함께 하느냐가 매우 중요합니다.

에녹은 보통 사람으로서는 절대로 할 수 없는 믿음과 신앙을 가지고 생활을 했던 사람입니다. 그 모습이 이름 속에 계시 되어 있음을 알 수 있습니다. 마치 하인처럼 하나님을 섬겼던 것입니다. 인생의 전체를 언제나 하나님과 결합되고 연합되기 위하여 300년 동안 끊임없이 기도하고 영적인 신앙을 갖고자 노력했던 것입니다. 언제나 하나님 울타리 안에서 살기를 원했기 때문에 그는 이 땅에서 300년을 살다가 죽음을 겪지 않고 하늘로 들려 가는 특별한 축복을 받은 것입니다.

이 세상의 삶에서 녹록하지 않는 인생을 살면서 그리스도인으로 부름을 받고 살고 있는 우리는 에녹의 신앙처럼 항상 하나님과 결합된 삶을 살아야 할 것입니다. 하인이 주인을 정성껏 섬기듯이 살아계신 하나님을 모시고 가장 복된 인생을 살아 갈 수 있는 거룩한 성도가 되시기를 축복합니다.

🖋 묵상

우리의 몸에서 가장 중요한 것은 머린데 그 머리 부분에서도 우리가 가장 예민하게 보호하고 지키는 것이 바로 눈입니다. 주위에서 어떤 일이 있을 때 제일 먼저 반응을 보이는 것이 눈입니다. 가장 먼저 눈동자를 지키기 위한 행동에 들어가도록 머리에서 명령을 내리고 그 명령을 받은 기관은 눈을 빨리 감을 수 있도록 전달합니다.

시편 17편 8절에서 하나님은 우리를 눈동자처럼 지켜주시겠다고 하셨습니다. 사람이 사고를 당해 온 몸이 다 깨어져도 멀쩡한 곳이 있습니다. 그것은 눈동자입니다. 강한 보호 본능이 눈에 제일 먼저 작용했기 때문입니다. 우리는 하나님이 보시기에 눈동자와 같은 존재기 때문에 어떤 일을 만나도 무사할 수 있고 온전한 삶을 살 수 있는 것입니다. 하나님은 눈을 보호하기 위해 여러 가지 장치를 마련하셨습니다.

✝ 오늘의 기도

은총의 주님, 부족하고 연약한 삶의 현장에서 항상 하나님과 동행하게 하시고 하나님과 결합된 신앙의 삶이 되는 삶이 되게 하옵소서.

chapter 2

기쁨으로의 초대

우리는 늘 슬프고 우울한 표정으로 자신의 삶을 엮어가는 사람들을 볼 수 있습니다. 그들은 주일에도 마치 감옥에나 들어가듯이 하나님의 교회로 올라갑니다. 그 교회 계단을 올라가는 그들의 발걸음은 얼마나 무섭고 피곤해 보이는지 모릅니다. 그리고 그들은 가장 경직된 표정으로 하나님께 예배하며 가장 지루한 목소리로 찬송을 부릅니다.

　혹시 여러분도 이러한 표정의 소유자는 아닌지 점검해보십시오. 우울한 마음은 사탄이 가장 좋아하고 또한 그가 조장하는 것이므로 이미 그 마음속에는 하나님이 계시지 않음을 나타내는 것입니다.

　실로 하나님은 슬픔이 아니라 기쁨을 즐거워하십니다. 하나님은 당신의 자녀들이 기쁨 속에서 하나님을 경배하고 또한 사역을 수행하기를 원하십니다.

　기쁨으로 충만한 마음은 복이 있습니다. 영혼이 그 문을 활짝 열고 햇빛을 받으며 기쁨의 충만함을 받을 때, 그 영혼은 행복할 뿐 아니라 선을 행할 수 있는 무한한 힘을 갖게 됩니다.

마중물과 같은 삶을 살게 하소서

창세기 4장 25절에 셋에 대해 "죽은 아벨 대신에 하나님께서 새로운 씨를 주셨다"고 말씀하고 있습니다. 그래서 하나님은 셋을 통하여 새로운 예수 그리스도의 족보를 형성해갑니다. 히브리어에서 셋은 '셰트'라는 단어를 사용합니다. 그것은 거룩한 하나님의 뜻을 세우고 십자가에서 생명을 계약한다는 상형적인 의미를 담고 있습니다. 이처럼 하나님은 십자가 생명 예수 그리스도를 통하여 인류를 구원하시는 계획을 세웠던 것입니다.

또한 셋은 아들 에노스를 낳았습니다. 창세기 4:26에는 "사람들이 비로소 여호와의 이름을 불렀더라"고 기록하고 있습니다. 많은 사람들이 죄악 된 세상에서 하나님을 찾지 않고 살다가 '에노스'가 탄생하면서부터 여호와의 이름을 불렀다는 것입니다. 히브리어로 에노스는 하나님의 거룩하신 이름과 말씀을 배우고 땅과 하늘을 연결시키고 결합시켜 죄에서 탈출하고 구원을 얻게 한다는 상형적인 의미를 담고 있습니다.

이처럼 에노스는 인간과 하나님을 연결시켜주는 중개역할을 한 것입니다. 죄인들은 언제나 예수님을 구원자로 부를 때에 영생을 얻을 수 있는 것입니다. 그러므로 하나님을 중심으로 영혼구원을 위해 생명을 살리는 사역에 크게 쓰임 받는 성도들이 되시기를 예수 그리스도의 이름으로 축복합니다.

✍ 묵상

상수도 시설이 좋지 않던 시절에는 펌프로 지하수를 끌어올려 식수로 사용했습니다. 그런데 지하에 있는 물을 끌어올리기 위해서는 한 바가지의 물이 필요했습니다. 한 바가지의 물을 펌프에 붓고 열심히 펌프질하면 그 압력에 의해 지하에 있던 물이 콸콸 쏟아져 나옵니다.

이때 물을 끌어올리기 위해 붓는 물을 마중물이라고 부릅니다. 저 밑바닥 샘물을 마중 나가서 데려온다 하여 마중물이라고 불렀습니다. 영어에서도 이 물은 'calling water', 즉 '물을 부르는 물'이라고 불립니다. 마중물은 단 한 바가지 정도의 적은 양의 물이지만 땅속 깊은 곳에 있는 샘물을 불러오는 힘을 가지고 있습니다.

예수님이 마중물과 같은 삶을 사셨습니다. 예수님은 사망의 무저갱까지 내려가심으로써 우리에게 목마르지 않은 영원한 생수를 마시게 하셨습니다. 예수님 자신이 한 바가지의 마중물이 되어 그를 믿는 모든 자들로 생수를 마시게 한 것입니다.

✝ 오늘의 기도

생수가 되시는 주님, 죄악으로 죽었던 저를 구원하기 위해 십자가 고난을 받으시고 죽으셨다가 부활하신 주님을 영원토록 전하며 사는 삶을 살게 하옵소서.

나의 잘못된 생각을 버리자

사건 사고가 나면 반드시 그 이면에는 가해자가 있으며 피해자가 있게 마련입니다. 창세기를 보면 아담과 하와는 가인과 아벨이라는 형제를 낳게 됩니다. 그 인물들 중에 역시 가해자와 피해자가 등장합니다.

가인은 히브리어로 '카인'이라는 용어를 사용합니다. 카인은 하나님과 단절되고 관계를 끊어 비틀어진 사역을 한다는 상형적인 의미를 담고 있습니다. 가인이 자신을 살피고 바른 제사를 드렸어야 했는데 하나님께서 아벨의 제사는 받으시고 자신의 제사는 받지 않았음을 매우 분하게 여기게 됩니다. 이것이 사건의 원인입니다.

또한 가인과 하나님의 관계에도 큰 문제가 있었습니다. 그의 비틀어진 생각이 결국 동생 아벨을 죽였고 가인은 인류의 첫 살인자가 되었습니다. 이렇게 이름의 의미처럼 가인은 하나님과 회복할 수 없는 틀어진 신앙으로 천국백성이 되지 못했음을 알 수가 있습니다.

가인은 결국 하나님께 구원을 받지 못했고 저주 받은 인생이 되었습니다. 마찬가지로 우리가 말씀에서 벗어나면 자신의 생각대로 예배를 드리려는 잘못된 방법에 종종 빠지게 됩니다. 그러나 거룩한 성도들이 온 마음을 다해 신령과 진리로 예배를 드릴 때 하나님은 기꺼이 받으십니다. 그러므로 아벨의 제사처럼 정성으로 예배드리는 진실한 성도들이 되시기를 예수 그리스도의 이름으로 축복합니다.

✍ 묵상

오늘 우리는 산업화의 시대를 넘어 정보화 혹은 지식화의 시대를 살아가고 있습니다. 인류가 농경사회를 벗어나 산업 사회화의 과정을 겪는 동안에 우리는 삶의 편리를 누리게 되었습니다. 그러나 우리가 상실한 것이 적지 않습니다. 바로 환경 파괴입니다. 삶의 편리를 추구하는 산업화 과정에서 우리는 자연을 훼손하고 환경을 파괴했으며 그에 대한 상당한 대가를 지불하게 되었습니다.

그것은 바로 수많은 장애인들이 발생한 것입니다. 산업재해와 교통사고, 약물복용이 증가하면서 우리는 많은 후천적 장애인을 양산하는 시대를 살아가게 되었습니다. 이런 시대를 살아가는 오늘 우리는 특별히 장애인 회복운동, 장애인 치유운동에 관심을 가질 필요가 있습니다.

✟ 오늘의 기도

생명의 주님, 제가 가지고 있는 하나님에 대한 잘못된 생각을 회개하게 하시고 변화된 저를 통하여 성령에 감동되어 신령과 진리로 예배드리게 하옵소서.

영과 진리로 드리는 참된 예배

창조주 하나님이 사람을 만드시고 중요하게 여기셨던 것은 영원토록 함께 하시는 것이었습니다. 그분을 영원토록 찬양하고 경배하는 제사였습니다. 그 제사에는 반드시 제물이 필요합니다.

구약 성경에는 "세월이 지난 후에 가인은 땅의 소산으로 제물을 삼아 여호와께 드렸고"(창 4:3)라고 기록하고 있습니다. 하나님께 드리는 소중한 선물이라고 말합니다. 구약에서 제물은 하인이 주인을 섬기는 마음으로 순종하여 드려야했습니다. 그래서 성경원어에는 제물, 선물, 공물을 '민하'라는 단어로 표현합니다. 그것은 이미 예배를 드림으로 하나님과 교제한다는 의미가 담겨져 있습니다.

우리가 하나님께 예배를 드릴 때 헌물도 중요하지만 무엇보다 몸과 마음을 드려야 합니다. 다시 말하면 나를 대속해 주신 하나님을 진정으로 사랑하는 마음이 필요합니다. 십자가 위에서 모든 것을 다 이루신 주님을 사랑하는 마음이 없이는 신령과 진정으로 예배할 수 없습니다.

하나님께서 자신의 형상으로 지음 받은 인간에게 가장 원하시는 것은 마음을 다하는 예배입니다. 이것을 신약성경에서는 "하나님은 영이시니 예배하는 자가 영과 진리로 예배할지니라"(요 4:24)고 했습니다. 이처럼 나의 영과 하나님의 성령이 만나 영적인 교통이 이루어집니다.

✍ 묵상

어떤 사람이 꿈에 천사와 함께 어느 교회로 예배를 드리러 갔습니다. 교회의 모든 좌석은 교인들로 가득 채워져 있었고 예배드릴 만반의 준비가 갖춰져 있었습니다. 이윽고 예배가 시작되었습니다.

그런데 무언가 이상한 점이 있었습니다. 오르간 반주자가 열심히 건반을 눌렀지만 아무 소리가 나지 않았습니다. 성가대가 열심히 찬양을 드리는 것 같았으나 어떤 노래 소리도 들리지 않았습니다.

또한 성도들이 함께 기도를 드렸지만 그 중얼거리는 소리도 들리지 않았고, 목사님이 강단에서 열띤 설교를 했지만 아무 소리가 들리지 않았습니다. 그는 이상해서 천사에게 그 이유를 물어보았습니다.

그랬더니 천사는 이렇게 대답했습니다. "당신이 아무 것도 듣지 못하는 것은 당연합니다. 이 예배는 교인들이 진정으로 회개하며 그들의 영혼으로 드리는 예배가 아니기 때문입니다. 그래서 아무 것도 듣지 못한 것입니다."

✟ 오늘의 기도

길이요 진리요 생명이신 주님, 매일의 생활 속에서 영과 진리로 하나님과 영적으로 만나 교제하는 참된 예배자로 세워지게 하옵소서.

열정 가득한 예배자로 서자

짧은 생애를 살았던 아벨은 하나님을 향한 간절한 마음이 있었습니다. 성경 원어에는 아벨을 '헤벨'이라고 표현합니다. 그것은 하나님을 갈망하여 찾고 혈통 안에서 예배자의 삶을 산다는 상형적인 의미를 담고 있습니다. 그래서 아벨은 하나님을 뜨겁게 사랑하는 자였습니다. 온 마음으로 하나님을 찾고 만났던 사람이었습니다.

그러나 아벨의 죽음으로 인하여 혈통 안에서 거름, 분토가 되는 삶을 살았습니다. 그래서 아벨의 이름 뜻에는 거름과 분토라는 의미도 있습니다. 아벨의 신앙의 밑거름이 있었기에 셋을 통하여 예수 그리스도가 탄생하는 계보를 잇게 되었던 것입니다. 아벨이라는 원어에는 아벨의 제사를 하나님께서 받으신 이유가 있습니다. 헤벨의 철자 '라메드'를 보면 알 수 있습니다. 이것은 심장이라는 의미를 가지고 있습니다.

무엇보다 아벨은 뜨거운 마음으로 하나님을 갈망하고 찾았습니다. 언제나 하나님의 말씀을 배우고 익히며 가르치는 삶을 살았다는 의미를 두고 있습니다. 그렇다면 이 시대를 살아가는 성도들도 아벨의 삶을 본받아야 합니다. 어떠한 희로애락의 순간에도 하나님을 만나기를 원하는 뜨거운 신앙을 가져야 한다는 것입니다. 기도와 찬양 그리고 예배에서도 불타는 열정으로 하나님을 간절히 사모하는 마음을 가지고 신앙생활을 하는 성도들이 되시기를 예수 그리스도의 이름으로 축복합니다.

✍ 묵상

올바른 예배가 전제되지 않은 사역은 의미가 없습니다. 사역이 예배를 앞서가면 그 사역의 겉모습은 그럴듯해 보일지 모르지만 속은 교만과 허영으로 가득 차 있을 뿐입니다. 이러한 위험성을 막기 위해서는 예배가 먼저 올바르게 서야 합니다.

사실 주일에 우리가 드리는 예배를 보면 사람들이 정해 놓은 순서대로 진행되는 것 그 이상 아무것도 아닌 듯이 보입니다. 정해진 시간에 모여서 묵도하고 신앙 고백하고 성경 봉독에 이어 성가대가 찬양을 드립니다. 그리고는 몇 년째 목사님의 비슷한 설교가 시작됩니다.

이같이 인간적인 눈으로만 본다면 예배처럼 비효율적이고 비생산적인 것도 없을 것입니다. 그러니까 어떤 사람들은 어떻게든 예배를 드리기만 하면 된다고 생각하여 일하면서 라디오를 통하여 예배를 드리기도 하고, 혹은 골프를 치러 가는 중에 차에서 유튜브나 라디오 예배 실황 방송을 시청한 것으로 예배를 드렸다고 생각하기도 합니다.

✟ 오늘의 기도

권능의 주님, 날마다 말씀의 진리로 무장하고 하나님을 위한 사역을 통해 성령 충만하여 드리는 예배자로 서게 하시고 무엇보다 영혼을 사랑하는 성도가 되게 하옵소서.

나의 영혼을 보호하시는 주님

개인과 국민이 외세에 보호를 받으려면 국가가 존재해야만합니다. AD 70년 이스라엘의 멸망으로 디아스포라 유대인들은 이천년 동안 보호를 받지 못했고 강국들에 의하여 갖은 핍박과 집단 살상을 당하는 고통의 세월을 살아야 했습니다.

사람의 신체 중 갈비뼈는 심장과 폐를 보호하고 있습니다. 아무리 튼튼한 심장과 폐를 가지고 있어도 외부의 충격을 방어할 수가 없습니다. 그래서 하나님은 단단한 뼈로 보호하도록 만드신 것입니다. 이처럼 갈빗대는 사람의 몸에서 가장 중요한 장기를 보호하는 뼈입니다. 성경 원어에는 갈빗대를 '첼라'라고 표현합니다. 그것은 심장의 뜨거운 마음으로 진리를 갈망하고 하나님을 보는 안목으로 말씀을 배우고 가르쳐서 내 것으로 소화하여 만든다는 상형적인 의미를 가지고 있습니다. 사람은 갈빗대가 없다면 살 수가 없습니다. 심장과 폐가 보호 받을 수 없기 때문입니다. 그래서 하나님은 가장 소중한 갈비뼈를 가지고 하와를 창조하셨습니다.

이처럼 갈빗대의 의미가 하나님의 말씀을 수호하고 하나님을 사랑하는 것처럼 우리도 진리의 말씀 속에서 보호함을 받고 있음을 알아야 합니다. 구세주 예수님께서 우리를 보호해 주시지 않으면 우리는 절대로 신앙생활을 할 수가 없습니다. 그러므로 나의 영혼을 영원토록 책임지고 보호해 주시는 예수님을 언제나 갈망하고 나의 마음에 품고 살아가는 성도들이 되시기를 축복합니다.

✍ 묵상

수십 년 동안 미국교회에서의 목회로 인해 거의 한국말을 잊어버린 목사님이 있었습니다. 어느 날 그 목사님이 기도 중 '우리를 눈동자처럼 지키시는 하나님'이라는 말에 감동을 받고, '아, 언젠가 이 말을 사용해야지'라고 생각했습니다.

그리고 얼마 지나지 않아 한국교회에 가게 되었습니다. 설교 전에 기도하면서 이 말을 하려고 하는데, 이 '눈동자'라는 말이 영 생각이 나지 않는 것입니다. "우리를 눈…눈…"하다가 생각난 단어는 영어로 'eye ball'로 연상된 '눈알'이었습니다.

결국 '우리를 눈알처럼 지키시는 하나님'이라고 했고, 성도들은 기도하다가 웃음을 참지 못했고, 당황한 목사님은 그 날 설교를 죽 쒔습니다. 하지만 그 날 성도들은 눈알 때문에 눈동자처럼 지키시는 하나님의 사랑을 평생 기억하게 되었을 것입니다.

✟ 오늘의 기도

은혜의 주님, 영혼의 참 주인 되신 하나님께서는 저를 보호하기 위해 그리스도를 대신 희생시키셨을 정도로 사랑하셨습니다. 큰 사랑에 감사드리며 감사로 산제사를 드리게 하옵소서.

배려하는 자세를 갖자

하나님이 세우신 인간의 제도 가운데 중요한 두 가지가 있습니다. 그것은 가정과 교회입니다. 아담이 독처하는 것을 애처롭게 여기셨던 하나님이 아담의 갈빗대를 뽑아 여자를 만드셨습니다. 그래서 홀로 있는 것보다 배우자를 만나 결혼하는 것이 바람직합니다. 그러므로 결혼은 하나님이 사람에게 복을 주시는 것이며, 가정을 통하여 더불어 살아가는 협력의 관계를 부부에게 제시해 주고 있는 것입니다.

성경 원어에는 '돕는 배필'이라는 단어를 '에제르'라고 표현합니다. 그것은 도와주다, 호위하다, 더하다, 상대를 도와주고 이롭게 하며 보호해 주는 조력자 즉 곁에서 지켜보고, 경험하며, 지혜롭게 새롭게 시작할 수 있도록 씨를 뿌린다는 상형적인 의미를 담고 있습니다. 다시 말해 돕는다는 것은 상대를 지켜보고 서로 공유하면서 경험한 것을 지혜롭게 가르쳐 주는 것입니다. 사람들 앞에서 영광을 받는 것을 좋아하지 뒤에서 소리 없이 돕는 것을 즐겨하는 이들은 적습니다. 나의 삶의 신앙에서 자신이 드러난 경우가 많이 있습니다. 하지만 오직 하나님만이 높임을 받으시고 찬양을 드리면 되는 것입니다. 신앙의 공동체에서도 내 목소리가 드러나려고 할 것이 아니라 타인과 하나님을 세워 드리는 지혜가 있어야 합니다. 이제부터라도 다른 이들을 도와주고 박수를

쳐 주면서 용기를 주는 사람이 되시기를 축복합니다.

✍ 묵상

세상을 살다보면, 배려할 줄 모르는 사람을 만나게 됩니다. 그런 사람의 가장 큰 특징은 자기중심적이라는 것입니다. 서로 대화를 할 때도 배려할 줄 모르는 사람은 상대방의 말에 귀를 기우리지 않고 자신의 말만 늘어놓습니다.

도로를 달리다 보면, 앞 차를 추월해야 하는 경우가 있습니다. 어떤 사람은 조금 속도를 늦춰 앞에 자리를 비워 양보해 줍니다. 그런데 어떤 사람은 급가속을 해서 끼어들지 못하게 합니다. 그런 사람은 이미 배려하지 않는 습관이 몸에 굳은 사람입니다.

대화도 마찬가지로 상대방의 말에 귀를 기우릴 때, 더 좋은 인관관계를 유지할 수 있습니다. 양보하지 않으려고 안간 힘을 써 봐야 오히려 속에서 분노만 일어날 것입니다. 그러나 양보하면 오히려 기분이 좋습니다. 선물을 준 사람처럼 말입니다. 남을 배려할 때 손해보다는 오히려 유익이 더 많다는 것을 잊지 말아야 합니다.

✟ 오늘의 기도

주님, 나와 함께 하는 이웃들과 혹은 신앙의 공동체에서 먼저 배려하고 돕는 삶으로 오직 예수님께만 영광을 돌리는 삶을 살 수 있도록 도와주시옵소서.

순금 같은 신앙으로

사람이 살다보면 시련을 만나게 됩니다. 나의 의지와는 상관없이 오해와 시기 질투를 당하여 마음에 심한 아픔을 겪기도 합니다.

그리스도인들도 마찬가지입니다. 연단을 이기지 못하면 다음 단계의 축복을 받지 못하게 됩니다. 보통 금을 단련할 때에는 망치로 때리고 불 속에 집어넣어 불순물을 모두 제거하는 것이 일반적입니다. 이러한 작업을 하다 보면 자연스럽게 정금이 만들어 집니다.

신앙인도 마찬가지입니다. 세상의 환란과 핍박을 통해 믿음이 자연스럽게 정금처럼 단단해 지는 과정을 경험하게 되는 것입니다. 창세기 2장 12절에 나오는 금은 히브리어로 '자하브'라는 단어를 사용합니다. 그것은 환란 속에서도 하나님과 함께 하며 숨 쉬고 호흡하며 영원한 안식을 누린다는 상형적인 의미를 가지고 있습니다. 우리는 신앙생활 중 어려움이 올 때 임마누엘 하나님과 동행해야합니다. 그 분과 호흡하면서 성령의 인도를 받으며 은혜와 평강을 누리는 삶으로 영원한 안식을 사모하고 기도로 이겨내야 합니다.

삶의 현장에서 어떠한 시련을 만나도 낙심하지 말고 주님을 붙잡고 승리합시다. 그러므로 우리의 신앙도 단련을 받아 하나님의 나라 영원한 안식에 들어가는 금 같은 믿음의 소유자가 되시기를 예수 그리스도의 이름으로 축복합니다.

✍ 묵상

루마니아의 리차드 범브란트(Richard BumBrant)는 성도들의 의무적인 신앙생활에 대해 이런 이야기를 했습니다. 화창한 주일 아침이었습니다. 존슨은 '의무 공동체'의 계단을 천천히 올라가 안으로 들어갔습니다. 이 교회는 그가 유아세례를 받은 교회요, 어린 시절을 보낸 교회였습니다. 물론 여전히 그는 이 교회를 다니면서 그리스도인으로서의 의무를 다하는 중이었습니다.

예배가 시작되자 존슨은 의무적으로 찬송을 불렀습니다. 가사는 익히 잘 알고 있었으므로 그 누구보다도 자신 있게 큰 소리로 부를 수 있었습니다. 그런데 갑자기 그에게 이상한 일이 일어났습니다. 의무적으로 목사님의 설교를 듣고 있는데 어느 순간 한 가지 깨달음이 섬광과 같이 그의 머리 속에서 번쩍였습니다.

'하나님은 살아 계시다.'

예배가 끝나고 밖으로 나오자 그는 크게 소리를 질렀습니다.

"하나님은 살아 계신다!"

✝ 오늘의 기도

은혜의 주님, 인생에서 만나는 환란 속에서도 하나님과 함께 살아가며 영적으로 숨 쉬고 성령의 충만으로 날마다 영원한 안식을 누리는 삶을 살아가게 하옵소서.

보석 중에 보석인 예수 그리스도

조개는 체내에 침입한 이물질에 의한 아픔을 치료하기 위해 분비물을 배출하는데 이것이 오랜 시간동안 쌓여서 멋진 진주로 탄생하게 됩니다. 소중한 진주를 얻기 위해서는 조개는 날마다 고통을 감내해야 합니다.

'베델리움(보석)'은 하나님의 말씀을 배우고 익히고 가르쳐서 겸손하게 예수 그리스도의 울타리 안으로 들어와 생명을 얻는다는 의미를 담고 있는 히브리어 입니다. 조개가 고통과 싸워 이겨야 진주가 나오는 것처럼 우리의 신앙도 마찬가지로 믿음의 보석이 되기 위해서는 반드시 연단이 필요하다는 것입니다.

인간사에서 물질, 인간관계, 상실 등으로 배신을 당하여도 오직 하나님이 도와주셔야 살 수 있다는 성경의 말씀을 신뢰하는 삶의 체험이 우리의 믿음을 자라게 합니다. 쉽게 믿음의 사람이 되는 것은 아닙니다. 진리의 말씀을 매일 배우고 나의 몸에 익숙해지도록 실천하고 시간이 된다면 남을 가르쳐야 합니다. 조개가 진주 때문에 자신의 집이 좁아지는 것처럼 우리도 신앙의 연륜이 될수록 내 자신을 비우고 겸손하게 예수 그리스도 생명으로 채워 나가야 합니다. 이것이 바로 진주와 같은 보석의 신앙인이 되는 것입니다. 그러므로 내가 숨을 쉬는 동안 날마다 예수 생명 울타리로 들어와 생명수를 마시고 승리하는 신앙인 되시기를 예수 그리스도의 이름으로 축복합니다.

✍ 묵상

기독교는 예수님을 빼면 아무것도 남지 않습니다. 예수님이 없으면 교회도 없습니다. 예수님이 없으면 구원도 없습니다. 예수님이 없으면 우리의 소망도, 인류의 소망도 없습니다. 오직 죄와 사망과 심판만이 있을 뿐입니다. 신앙의 핵심은 예수님입니다. 그런데 잘못하면 신앙생활을 하면서, 교회에 다니면서, 예수님을 믿는다고 하면서, 가장 중요한 예수님을 놓칠 수 있습니다.

당신과 예수님의 관계는 어떻습니까? 정말 예수님이 여러분의 주인이십니까? 주일날만 주인이 아니라 일 년 365일 주인이십니까? 교회에 있을 때만 주인이 아니라 어느 곳에 있든지 주인이십니까? 예배드리고 찬양하고 기도할 때만 주인이 아니라 무슨 일을 하든지 주인이십니까?

진지하게 자신의 하루생활을 돌아보며 대답해 보십시오. 당신은 매일 매일, 어떤 장소에서든, 어떤 상황에서든, 어느 누구와 함께 있어도 항상 예수님을 바라보고 예수님을 사랑하고 예수님의 뜻대로 살아가고 있습니까?

✟ 오늘의 기도

진리의 주님, 보석 중에 보석인 예수님을 알아가기 위해 날마다 하나님의 말씀을 배우고 익히고 예수 그리스도의 울타리 안으로 들어와 생명을 얻어 기쁨의 삶을 살아가게 하옵소서.

에덴의 기쁨과 즐거움으로

세상에 살고 있는 사람들 중에 '에덴'(창 2:8)이라는 말을 모르는 사람은 없을 것입니다. 그만큼 믿지 않는 사람들에게도 익숙한 단어라는 것입니다. 성경에 나오는 에덴의 기본 의미는 기쁨, 즐거움, 하나님이 계획하여 만드신 동산으로 에덴의 기쁨과 생명력 넘치는 분위기를 반영하는 것입니다.

하나님이 에덴동산을 친히 만드셨습니다. 그 안에 있는 사람은 기쁘고 즐거운 삶을 추구합니다. 누가복음 23장 43절에 "예수께서 이르시되 내가 진실로 네게 이르노니 오늘 네가 나와 함께 낙원에 있으리라 하시니라"고 했습니다. 예수님께서 십자가상에서 한 편의 강도에게 위와 같이 말씀 하셨습니다. 이 낙원이 에덴으로 되어 있습니다. 그렇다면 예수님과 영원히 기뻐하고 즐거워하는 것이 에덴의 삶이라고 할 수 있습니다. 우리 그리스도인들은 오직 예수님 안에서 기쁘고 즐겁게 사는 인생임을 발견합니다. 구원 받은 인생이 에덴의 삶을 누리고 사는 것입니다. 그렇다면 날마다 우리는 겸손하게 주님 앞으로 나가야 합니다. 오직 예수 그리스도를 믿음으로만이 구원을 받고 평강과 은혜의 삶을 살 수 있음을 고백해야 합니다.

사랑하는 성도님, 날마다 에덴의 기쁨과 즐거움을 맛보시기 바랍니다. 그리하여 가정과 직장 그리고 삶의 현장에서 에덴이 되는 복된 인생이 되시기를 예수 그리스도의 이름으로 축복합니다.

✍ 묵상

우리는 늘 슬프고 우울한 표정으로 자신의 삶을 엮어가는 사람들을 볼 수 있습니다. 그들은 주일에도 마치 감옥에나 들어가듯이 하나님의 교회로 올라갑니다. 그 교회 계단을 올라가는 그들의 발걸음은 얼마나 무섭고 피곤해 보이는지 모릅니다. 그리고 그들은 가장 경직된 표정으로 하나님께 예배하며 가장 지루한 목소리로 찬송을 부릅니다.

혹시 당신도 이러한 표정의 소유자는 아닌지 점검해보십시오. 우울한 마음은 사탄이 가장 좋아하고 또한 그가 조장하는 것이므로 이미 그 마음속에는 하나님이 계시지 않음을 나타내는 것입니다.

기쁨으로 충만한 마음은 복이 있습니다. 영혼이 그 문을 활짝 열고 햇빛을 받으며 기쁨의 충만함을 받을 때, 그 영혼은 행복할 뿐 아니라 선을 행할 수 있는 무한한 힘을 갖게 됩니다.

✟ 오늘의 기도

주님, 제가 살아가는 동안 어떠한 상황에서도 불평하지 말고 하나님이 계획하여 만드신 동산처럼 하늘의 기쁨과 생명력 넘치는 신앙생활로 에덴을 회복하게 하옵소서.

하나님의 형상을 닮아가자

자녀는 부모를 닮습니다. 특히 자라가면서 외모와 내면의 성격까지 비슷하게 됩니다. 혈액형과 심지어 선대의 질병도 유전으로 내려오는 것을 의학적으로 확인을 할 수 있습니다. 성경에는 하나님의 형상으로 사람을 창조하셨다고 말합니다. 분명히 예정된 뜻이 있어서 이 땅에 태어났으며 영적인 거룩한 속성을 지니고 있다는 것입니다.

히브리어의 형상은 '체렘'으로 하나님을 사랑하는 마음으로 진리의 말씀을 소유했다는 상형적인 의미를 담고 있습니다. 구체적으로 '체렘'은 그림자, 이미지, 하나님의 거룩한 속성 중에 사랑, 진리, 생명, 의, 인격을 반영하고 있습니다. 그래서 하나님은 이 땅에서 믿는 자들에게 어떠한 형상을 만들지 말라고 하셨습니다. 다시 말하면 우리 인간의 내면 안에 우상을 새기지 말라는 것입니다. 그리스도인들은 하나님의 형상으로 창조되었기에 주님의 진리의 말씀을 소유해야 합니다. 그러므로 나의 몸은 날마다 하나님의 말씀을 소유하는 그릇이기 때문에 죄악의 우상을 버리고 성령을 모시고 날마다 은혜와 평강의 신앙생활을 해야 합니다.

자녀가 부모를 닮듯이 주님의 자녀인 나는 영적인 하나님 아버지를 닮아 가야합니다. 비록 연약한 모습이지만 하나님의 형상을 닮아가는 사랑하는 성도님이 되시기를 예수 그리스도의 이름으로 축복합니다.

✍ 묵상

부모를 모르는 사람이, 또 기억을 잃어버린 사람이 자신이 누구인가에 대해 아무리 질문해 봐야 답이 나올 리 없는 것처럼 하나님의 형상을 잃어버린 인간이 나는 누구인가 아무리 질문해 봐야 뾰족한 답이 없는 것입니다.

우리의 정체성을 깨우쳐 주는 이야기가 있습니다. 소금으로 만들어진 한 인형이 자기 자신이 누구인지를 알려고 수많은 곳을 찾아 다녔습니다. 수만리 길을 두루 다니다가 어느 날 바닷가에 이르렀습니다.

일찍이 본 여러 것과는 너무 다른 야릇하게 꿈틀거리는 커다란 물체를 보고 소금 인형은 황홀해졌습니다. "당신은 누구세요?"

바다는 빙그레 웃으며 대답했습니다. "내게 들어와 보렴." 이 말을 들은 소금 인형은 바다 속으로 첨벙첨벙 들어갔습니다. 바다 속으로 들어가면 갈수록 소금 인형은 차츰차츰 녹아 마침내 아주 작디작은 한 점으로 남게 되었습니다.

소금 인형은 바다 안에서 자신의 정체성을 발견했습니다. 그렇다면 우리 그리스도인은 예수 그리스도 안에서 자신의 정체성을 발견할 수 있어야 합니다. 우리는 하나님의 형상대로 지음 받은 존재입니다.

✟ 오늘의 기도

주님, 제가 일평생 주님의 닮아가는 삶을 살게 하시고 하나님이 지으신 형상대로 오직 하나님만을 위한 복 있는 삶이 되게 하옵소서.

창조하신 질서대로 사는 인생

성경이 말하는 천국에서는 모두 함께 어울려 삽니다(1:21). 뱀과 어린아이가 노는 곳이며 독사가 물지 않습니다. 그러나 타락한 이후에는 확연히 바뀌었습니다. 정상적인 것이 없는 불순종의 혼란만 가지고 있었습니다.

뱀, 용, 바다 괴물은 원어로 '탄닌'입니다. 이것은 십자가에서 생명을 계약하고 구원, 탈출을 하여 하나님께 절대 복종한다는 상형적인 의미를 담고 있습니다. 그래서 계시록 12장 3절에 "하늘에 또 다른 이적이 보이니 보라 큰 붉은 용이 있어 머리가 일곱이요 뿔이 열이라 그 여러 머리에 일곱 왕관이 있는데 …"라고 했습니다.

마지막 종말에 하나님과 교회를 대적할 붉은 용이 바로 '탄닌'입니다. 십자가에서 생명을 계약하고 봉인하였습니다. 하지만 결국 타락하고 하나님을 대적함으로 구원을 받지 못할 영원한 불 못에 떨어질 처지가 된 것입니다.

우리 사회에는 많은 사이비 이단들이 있습니다. 이들도 '탄닌'의 유혹에 빠져 영원히 구원 받지 못할 타락한 백성으로 전락해 버렸습니다. 구원에서 배제된 사람들은 하나님께 절대 복종하지 않습니다. 하와를 미혹하여 선악과를 따 먹게 한 뱀도 결국 하나님께 불순종해 저주를 받게 되었습니다. 그러므로 구원 받은 우리는 성령 충만으로 불순종의 마음에서 탈출하여 영원한 생명의 길로 걸어가는 복된 성도들이 되시기를 예수 그리스도의 이름으로 축복합니다.

✍ 묵상

세상에는 사람에게 이로운 곤충이 있지만 해로운 곤충도 있습니다. 뇌염, 콜레라, 말라리아 등 병을 옮기고 피를 빨아먹는 모기, 파리, 벼룩 등이 그들입니다. 하나님은 왜 이것들을 만들었을까요?

발로 모긴이 쓴 『무탄드』라는 책을 보면 원주민들이 사는 오지의 덤불 속에서는 수백만 마리의 파리 떼가 일시에 사람들에게 달려들어 입과 귀, 코 속으로 들어가 청소를 해주는 장면이 나옵니다. 이들 원주민들은 파리에게 몸을 맡긴 체 몸 청소를 합니다. 이들은 파리가 귀찮은 곤충이 아니라 반갑고 친근한 존재인 것입니다. 세상 모든 동물들은 존재하는 이유가 있습니다. 하나님은 심지어 파리, 모기, 벼룩 등 하찮은 곤충들도 사람들에게 꼭 필요해서 만드셨습니다.

✝ 오늘의 기도

창조주 하나님, 구원을 받은 성도로서 하나님께 절대 복종하게 삶을 하시고 언제나 주님께서 창조하신 그 질서를 따라 살아가며 순종하게 하옵소서.

주님과 연합되는 별이 되길

창세기 1장 16절에 등장하는 광명체인 '별'은 원어로 '코카브'입니다. 이것은 진리의 말씀 안에서 하늘과 땅을 결합을 시키고 연결시켜 하나님을 잡을 수 있게 한다는 상형적인 의미를 가지고 있습니다. 우리의 삶에서 불편한 관계를 가지고 있던 사람들을 보다 좋은 관계로 이끌어 가는 역할을 하는 사람이 필요합니다.

그 중에 크리스천들이 섬기는 교회 안에서 별들을 찾아 볼 수 있습니다. 그 의미를 담고 있는 것은 계시록 1장 20절입니다. "네가 본 것은 내 오른손의 일곱별의 비밀과 또 일곱 금 촛대라 일곱별은 일곱 교회의 사자요 일곱 촛대는 일곱 교회니라." 예수께서 일곱별의 비밀을 말씀하실 때에도 동일한 단어를 사용하고 있습니다. 일곱별은 교회의 목사들을 상징합니다. 하나님께서 교회에 목양 사역을 맡기시려고 부른 하나님의 종들입니다. 그렇다면 목회자들은 반드시 진리의 말씀 안에 있어야 합니다.

오직 예수 그리스도 안에서 하나님과 성도들을 연결시키고 결합시키는 선한 역할을 맡는 자들입니다. 수많은 영혼이 방황할 때에 생명이 되시는 예수님께로 인도하는 자가 목사인 것입니다. 신약성경에서 동방박사들도 자신의 갈 길을 잃었을 때, 별을 보고 아기 예수께로 찾아

간 것처럼 우리도 삶의 현장에서 인생의 길에서 헤매는 자들을 찾아 주님께로 안내하는 선한 목자들이 되시기를 예수 그리스도의 이름으로 축복합니다.

✍ 묵상

0이라는 숫자의 이야기입니다. 0은 외롭고 초라했습니다. 가진 것이 없고 곁에는 아무도 없었습니다. 그래서 같이 있어 줄 친구를 찾아다니기 시작했습니다. 모든 숫자를 만나 보았지만 그들은 가진 것이 없는 0의 친구 되기를 거절하였습니다. 0은 좌절감에 빠집니다.

그런데 1도 0과 마찬가지로 친구를 찾아 헤맸지만 거만한 숫자들에게 거절당하고 맙니다. 여기에서 1과 0은 친구가 되어 10을 이루게 됩니다. 그러자 이제까지 이들을 무시했던 숫자들이 모여들어 친구 되기를 청했습니다.

아무리 작고 미약한 존재일지라도 같이하면 큰 힘을 발휘할 수 있다는 진리입니다. 1이나 0은 작고 초라한 숫자입니다. 그러나 둘이 결합하여 이루어진 10이란 수는 보다 크고 우월합니다. 교회는 서로 마음을 같이하여 큰일을 이루는 곳이 되어야 합니다.

✟ 오늘의 기도

연합을 원하시는 주님, 고통의 인생들을 불쌍히 여기사 주인 잃은 양들을 찾아 주님께로 인도하는 별과 같은 삶으로 칭찬 받는 종이 되게 하옵소서.

chapter 3

복음으로의 초대

복음은 생명입니다. 복음을 받으면 흥하고 복음을 거절하면 망합니다. 서구의 역사를 살펴보면 러시아나 프랑스에서는 혁명이 일어났고, 영국이나 미국에서는 부흥이 일어났습니다.

러시아 정교회는 교회는 있었으나 살아 있는 복음의 증인은 없었습니다. 그러므로 러시아는 공산당에 의해 혁명이 일어났고 기독교인을 핍박하고 교회를 폐쇄할 때 세계에서 가장 살기 힘든 나라가 되었습니다.

그러나 영국에서는 존 웨슬리와 찰스 웨슬리의 부흥운동이 영국을 피의 혁명에서 구해낼 수 있었고, 독일은 마르틴 루터의 종교개혁이 독일을 발전시켰으며, 미국에서는 찰스 피니와 무디의 부흥운동이 미국을 문명국으로 발전시킨 것입니다.

이처럼 세계의 역사는 복음을 받아 그 정신으로 살아간 사회와 국가는 흥했으나, 그렇지 못한 나라는 쇠퇴의 길을 걷는 것을 극명하게 보여 줍니다. 복음은 다름 아닌 민족을 살리는 생명이기 때문입니다.

고난과 고통을 허락하시는 이유

창조주 하나님이 만드신 이 세상 만물은 궁극적으로 우리 인간에게 주시기 위해서 만드신 것입니다. 땅과 바다, 빛과 어두움 모두는 하나님이 만드신 것이고 그 안에서 일어나는 것들은 우리에게 다 필요하고 유익한 것들입니다. 하나님의 관점은 이 세상의 모든 존재는 다 필요한 것으로 보는 것입니다.

식물들은 어두운 밤에 왕성하게 자랍니다. 빛이 없는 어둠은 성장의 시간인 것입니다. 하나님께서는 땅과 바다를 만드시고 좋아하셨습니다. 밤의 어둠이 식물을 자라게 하는 것처럼 고통의 밤은 우리 영혼을 충분히 자라게 합니다. 우리 영과 육체에도 밤의 어둠과 고요가 때때로 필요합니다. 그래서 하나님께서는 우리에게 고난과 고통을 허락하시는 것입니다.

나의 삶 전반 가운데 자꾸 홍수가 일어나고 태풍이 불어오는 이유는 우리 인생을 더 풍요롭게 하기 위한 하나님의 선물인 것입니다. 안 좋게 보이는 것은 우리의 고정관념과 긍정적인 믿음의 안목이 짧아서 그런 것이고 알고 보면 모든 것이 유익한 것입니다.

그러므로 이 세상 모든 것은 필요한 것이기 때문에 하나님께서 만드신 것임을 깨달아야 합니다. 삶의 현장에서 비록 고난이 올 때 불편은 하지만 절대 불평하지 말고 범사에 감사하며 살아가시는 성도들이 되시기를 예수 그리스도의 이름으로 축복합니다.

✍ 묵상

사람은 누구나 이 세상을 사는 동안 예외 없이 고난을 당합니다. 어느 세대이건 고난의 문제와 직면하지 않은 세대가 없었습니다. 사람들은 고통의 이유와 해결 방법을 찾기 위해 노력해 왔습니다.

많은 사람들이 고난의 문제를 놓고 크고 작은 책들을 썼습니다. 하지만 아무도 그 고난의 깊이를 파헤치지는 못했습니다. 사람들은 고통 속에서 벗어나기 위해서 종교를 만들고 피난처로 삼았습니다.

종교들이 가지고 있는 고난에 대한 태도를 보면 대개 인과응보입니다. 즉 씨를 뿌리게 되면 뿌린 대로 거두게 된다는 것입니다. 또 운명론적입니다. 그렇게 결정된 운명이니 그대로 받으라는 식입니다. 그러나 성경은 그렇게 말하지 않습니다. 고난은 인과응보적인 면도 있지만 반드시 그런 것은 아닙니다. 성경은 고난에는 의미가 있고, 유익이 있다고 말합니다.

✟ 오늘의 기도

고난을 통해 성숙하게 하시는 주님, 고통의 순간에도 하나님이 나의 인생을 더 풍요롭게 하시기 위해 주신 선물임을 깨닫고 더욱 감사하며 살게 하옵소서.

영원한 천국과 안식을 주는 혜안

히브리어에서 '밤'은 '라일'이라 하는데, 이것은 하나님을 뜨겁게 사랑하고 말씀을 연구하여 하나님께로 다가가 붙잡는다는 상형적인 의미를 가지고 있습니다. 따라서 밤은 하나님을 더 사랑하는 시간이 된다고 볼 수 있습니다. 우리도 밤에 기도하면 주님과 더 깊은 교제를 할 수 있고 집중도 잘 되는 것을 체험하게 됩니다.

특히 하나님의 말씀을 읽고 연구하면서 보다 나은 실천을 해야 될 것을 암시하는 것도 밤이라는 단어에 계시하고 있음을 엿볼 수 있습니다. 아울러 저녁, '일몰'이라는 원어는 '에레브'로서 복음 안에서 통찰력 있게 시작하고 지혜롭게 행동한다는 의미를 담고 있습니다. 이스라엘 백성들의 하루의 개념은 아침부터 시작하는 것이 아니라, 저녁부터 시작한다는 것입니다. 안식일을 지킬 때도 금요일 저녁부터 다음날 해질 때에 끝이 납니다. 그래서 그들은 저녁이 시작입니다. 모든 사람들은 저녁에는 집으로 돌아와 쉼을 얻습니다. 특별히 원어에 베이트(집)라는 것은 쉼, 휴식, 안식이라는 의미를 담고 있습니다. 따라서 우리는 저녁, 밤이라는 단어를 통해서 부정적인 것보다 영원한 천국을 바라 볼 수 있는 혜안을 얻어야 하겠습니다. 영원한 안식은 천국에 있습니다. 그것을 늘 기억하여 신앙을 지키고 영생을 소망하는 성도들이 되시기를 예수 그리스도의 이름으로 축복합니다.

✍ 묵상

하나님은 우리에게 쉴 수 있는 밤을 주셨습니다. 그런데 언제부턴가 밤이 쉬는 시간이 아니라 일하고 노는 시간이 되어버렸습니다. 오늘날의 도시는 고요한 안식의 시간이어야 할 밤에 불야성(不夜城)을 이루고 있습니다. 이로 인해 온갖 문제가 생겨나고 질병이 생기는 것입니다.

하나님은 밤과 낮을 창조하시고 우리 인체를 밤에 잠을 자야만 건강하도록 만드셨습니다. 암 세포 억제제는 밤 12시부터 3시 경에 분비되고, 잠이 든 후 2시간 후에 분비된다고 합니다. 하나님은 인체의 세포들을 매년 약 90-95퍼센트를 교체하도록 하셨는데 그중 다수는 잠자는 중에 이루어진다고 합니다.

수면은 실로 인체에 대한 큰 축복입니다. 흔히 잠을 조금 못 잔 것을 대수롭지 않게 여기지만 수면 부족은 피곤과 무기력증을 가져와 사고와 사건을 일으키는 원인이 됩니다. 우리가 건강하고 행복하게 살기 위해서는 하나님이 정해 놓은 창조질서를 따라야 합니다.

✟ 오늘의 기도

영원한 천국의 안식을 주시는 주님, 아브라함 같이 앞이 보이는 않을 때 밤하늘의 별들과 같이 번성하는 비전과 꿈을 가지고 감사하면서 살아가게 하옵소서.

가치가 있는 소중한 존재

하나님은 태초에 이 세상의 모든 것을 독특하고 개성 있게 창조하셨고 지금도 그렇게 보시고 계십니다. 우리가 주목할 부분은 '각기 종류대로'입니다. 하나님께서는 땅의 풀과 채소와 나무를 각기 종류대로 만드시고 보시기에 좋았더라고 하셨습니다. 현재의 동식물들은 진화된 것이 아니라 처음부터 각각 종류대로 하나님의 생각대로 만들어진 것입니다. 창세기 1장 25절에서도 "하나님이 땅의 짐승을 그 종류대로, 가축을 그 종류대로, 땅에 기는 모든 것을 그 종류대로 만드시니 하나님이 보시기에 좋았더라"고 말씀하고 있습니다.

하나님의 형상으로 창조된 사람도 마찬가지입니다. 70억이 넘는 사람이 지구촌에 살고 있지만 한 사람도 얼굴이 같은 사람이 없습니다. 예수 그리스도는 나를 위해 이천년 전 십자가상에서 보혈의 피를 흘려 죽으셨습니다. 우리는 대속의 희생을 결코 잊지 말고 살아야 합니다. 지금 나 자신이 별 볼 일 없이 느껴지십니까? 절대로 아닙니다. 우리는 하나님께서 독생자 예수님을 희생하게 하면서까지 구원해주실 만큼 최고로 가치가 있고 소중한 존재들입니다. 따라서 우리는 다른 사람들에게 시시한 사람같이 보일지 모르지만, 하나님이 보시기에 너무나 존귀한 자들임을 꼭 기억하고 삶의 자리에서 반드시 하나님이 보시기에 좋은 삶을 살면서 믿음으로 승리하시길 예수 그리스도의 이름으로 축복합니다.

✍ 묵상

가장 쓸모없고 남에게 해로움을 주는 사람도 예수님을 인격적으로 만나면 가장 가치 있는 사람이 될 수 있습니다. 인류 역사를 보십시오. 예수님을 만났는데 변화되지 않은 사람이 어디 있습니까? 하나님의 형상대로 지음 받은 인간은 하나님을 만날 때 변화됩니다.

돈 밖에 모르던 수전노 삭개오가 예수님을 만남으로써 베풀며 나누어주는 사람으로 변화되었습니다. 물고기를 잡던 베드로가 예수님을 만남으로써 사람을 낚는 어부가 되었습니다. 예수의 도를 싫어하며 핍박하던 바울은 결혼도 하지 않고 복음을 전하는 이방인의 사도가 되었습니다.

왜 예수님을 만나면 변화될까요? 예수님이 우리 인생의 진정한 해답이기 때문입니다. 그러므로 예수님을 만나면 무익한 사람이 유익한 사람이 됩니다. 예수님을 만나면 인생의 방황이 끝납니다. 예수님을 만나면 인생의 목적이 바뀌고, 인생의 우선순위가 달라집니다.

✝ 오늘의 기도

생명 되신 주님, 나 자신이 가치 있는 소중한 존재임을 깨닫고 살게 하시며 언제나 하나님 안에서 존재 가치의 소중함을 기억하며 살아가게 하옵소서.

자신의 마음을 열라

성경에 나타난 하나님의 관점은 이 세상의 모든 것을 조화롭게 보는 것입니다. 창세기 1장 31절에 천지 창조를 다 마치시고 "하나님이 지으신 그 모든 것을 보시니 보시기에 심히 좋았더라"고 기록하고 있습니다. 인간이 아무리 소중해도 만일 사람만 창조하셨다면 하나님께서 그렇게 좋아하실 리가 없습니다.

이 세상이 아름다운 것은 나의 존재도 중요하고 타인을 배려하는 정신이 담긴 삶의 형태도 대단히 중요한 조화로움 때문입니다. 우리가 살고 있는 사회는 다양하면서도 조화가 있기 때문에 하나님이 창조하신 자연과 사람의 만남을 통해 인류의 발전은 시작이 되는 것입니다.

그렇다면 우리 주변의 사람들과 만남 속에서 나와 다르다고 싸울 것이 아니라 어떻게 하면 조화를 이룰 수 있는지를 지혜롭게 대처하면서 하나의 공동체를 이루어 가야하는 것이 하나님의 뜻이어야 하는 것입니다. 만약 지금 홀로 고민하고 힘들어하면서 군중 속에 고독한 삶을 살고 있다면 자신의 마음을 열고 타인에게 먼저 손을 내밀어 다가서는 것을 실천해 보시기 바랍니다.

사람을 만나야 역사가 일어납니다. 그 무엇보다 만세 전에 나를 예정하시고 구원의 자리로 인도하시는 생명의 주 하나님을 만나는 기적이 있기를 예수 그리스도의 이름으로 축복합니다.

✍ 묵상

마음은 심장이나 위장처럼 몸의 기관이 아닙니다. 눈에 보이지 않습니다. 마음이 있는 것은 분명하지만 어디에 존재하는지 알 수 없습니다. 보이지도 않고 확인할 수도 없는 것이 마음입니다.

우리는 상대방을 믿고 신뢰할 때 '마음을 준다'고 말합니다. 태도가 바뀔 때 '마음이 변했다'고 말합니다. 참으로 힘든 상황에 처하게 되면 '마음이 아프다, 마음이 괴롭다, 마음이 무너진다'라고 말합니다. 또 위기를 극복하기 위한 방법으로 '마음을 비운다, 마음을 굳게 먹는다'라고 말합니다.

마음은 사람의 가장 깊은 곳에서 사람의 모든 것, 즉 생각과 말과 행동을 지배합니다. 마음은 우리 삶의 사령부와 같습니다. 마음은 우리 인생에 지대한 영향을 미칩니다. 실제로 마음먹기에 따라 죽느냐 사느냐가 결정되는 경우가 많습니다.

✞ 오늘의 기도

닫힌 마음을 열어 주시는 하나님, 예수님의 이름으로 일어서고 먼저 다가서는 믿음과 용기를 주셔서 예수님의 마음을 품고 신앙생활을 할 수 있도록 인도하여 주옵소서.

매일 예수님을 생각하고 살아가자

데살로니가전서 5장 5절은 "그리스도인들은 다 빛의 아들이요, 낮의 아들이라 우리가 밤이나 어둠에 속하지 아니한다"고 분명히 말씀하고 있습니다. 성경 원어에 보면 날, 낮, 하루는 '욤'으로 표현하고 있습니다. '욤'이라는 것은 예수 그리스도께서 십자가 위에서 양손에 못 박힘으로 피를 쏟으심과 같이 참 진리의 말씀을 주셨다는 히브리어의 상형적인 의미를 담고 있습니다. 나는 하루 종일 생활하면서 과연 허물과 죄를 용서하여 주시기 위해 보혈을 흘려주신 예수님을 얼마나 묵상하고 감사를 드리며 생활하고 있는지 자문 해야만 할 것입니다.

성경은 나를 향하여 빛의 아들이라 말씀하고 있습니다. 하나님이 구원과 영생 그리고 빛 된 생활을 약속한 자녀에게 상속해 주신 아버지와 아들의 관계입니다. 어둠이 아니라 우리 모두는 낮의 아들이고 어둠에 있지 않는 존재라고 강력히 호소합니다.

크리스천들은 날마다 십자가 보혈의 피를 흘리신 예수님을 생각하고 하루를 시작하는 습관을 가져야합니다. 바쁜 생활 중에서도 분명히 인식하고 있어야 할 것은 예수님이 허물과 죄 그리고 사망에서 나를 살리기 위하여 십자가에서 손과 발에 못 박히시고 온 몸에 찍힘을 받아 그 피를 남김없이 쏟으셨고 죽으셨다는 것입니다. 그러므로 신앙생활에서 주님과 함께 빛 된 생활에 충실하시길 예수 그리스도의 이름으로 축복합니다.

✍ 묵상

남과 대화할 때 항상 자기과시를 하는 사람이 있었습니다. 어느 날 그는 자기성찰에 숙련된 아주 겸손한 사람과 대화하게 되었습니다. "면도하는 동안 저는 외국어를 공부합니다. 식사하면서도 하루일과를 점검하지요. 일터에서는 정신없이 보냅니다. 사람들이 저를 놔주지 않아요. 하루를 어떻게 보내는지 모를 정도로 바쁘다니까요. 다른 사람과 비교가 되지 않지요."

그는 교만한 어조로 자기를 과시했습니다. 잠시 침묵이 흐른 뒤 겸손한 사람이 침묵을 깨고 물었습니다. "그러면 당신은 생각할 시간을 언제쯤 갖습니까?"

현대인들에게 필요한 것은 생각입니다. 그러나 마귀는 생각을 방해합니다. 올바른 생각을 하지 못하도록 방해하고, 올바르지 못한 생각을 하게 합니다.

✟ 오늘의 기도

영원토록 동일하신 하나님, 나를 위해 십자가에서 피 흘리시고 부활하신 주님을 매일 기억하고 감사하며 살며 어제보다 오늘이 더 성숙한 성도가 되게 하옵소서.

황무지 같은 인생을 은혜로 덮는 축복

사람은 소유에 따라 만족하며 살아갑니다. 그러나 때때로 공허감이 몰려와 허무한 인생을 한탄하고 후회하는 이들도 있습니다. 외관으로 볼 때 신앙생활을 정상으로 하는 것 같으나 내면에서 올라오는 황무지 같은 무력감에 빠져 있으므로 방황하는 성도들도 있습니다.

'공허'의 원어는 '보후'입니다. 그것은 예수 그리스도 안에서 호흡을 함으로 인하여 참 쉼을 얻으며 생명을 얻고 하늘과 연결 된다는 상형의 의미를 담고 있습니다. 공허한 것은 준비된 것이 없는 빈 상태를 말합니다. 태초에 하나님께서 창조하셨을 때 황무지처럼 생명이 살 수 없는 척박한 상태를 말하고 있습니다. 즉 영적인 공허, 마음이 황무지처럼 메마른 것은 생명 되신 예수 그리스도 안에서 참 안식을 취하지 못하고 있다는 반증입니다. 인생의 공허감을 날려 버릴 수 있는 것은 영적 호흡인 기도, 예배를 삶속에서 실천할 때 영혼에 황무지가 사라지는 축복을 얻습니다. 또한 깊음이라는 원어는 '테홈'으로서 깊은 물, 바다, 심연의 뜻을 간직하고 있습니다. '테홈'은 십자가에 달리신 예수 그리스도의 말씀이 물을 덮듯이 온 세상을 덮어 생명을 주신다는 상형적인 의미를 가지고 있습니다.

우리 성도들은 바다보다 더 깊은 심오한 진리의 말씀을 깨달아 천하

만방에 택한 백성들이 구원을 받을 수 있는 소중한 사역에서 반드시 승리하시길 축복합니다.

✍ 묵상

하나님의 은혜와 무관하게 여겨지는 분야가 과학입니다. 흔히 과학은 하나님의 영역에 도전장을 내고, 하나님을 대적하는 것처럼 보입니다. 그러나 과학의 분야도 하나님의 은혜가 절대적으로 필요한 것입니다.

인공위성을 쏘아 올리는 미국 항공 우주국 직원의 95퍼센트가 기독교인이라고 합니다. 매일 아침 9시 30분에 예배를 드리는데 그들이 똑같이 외우는 기도문이 있다고 합니다. 그것은 "하나님, 우리 할 일은 다 했습니다. 우리의 할 일은 끝났습니다. 하나님, 도와주십시오!"라는 기도입니다.

사람이 할 일이 있고, 하나님께서 하실 일이 있습니다. 나만 다하면, 나만 끝나면 되는 것입니까? 하나님이 도와 주셔야 합니다. 우리의 할 일이 끝났을 때 하나님께서 도와 주셔야 작품이 만들어지는 것입니다.

내가 다해도 하나님이 함께 하시지 않으시면 안 되는 것이고, 부족하다 할지라도 하나님이 오셔서 살피시는 중에, 점검하는 중에 하나님의 은혜로 넉넉하게 해결되는 것입니다.

✟ 오늘의 기도

은혜의 주님, 황무지 같은 인생에서 세상을 의지하지 말고 오직 진리의 말씀으로 나를 덮어 주시고 절대 순종하며 살아가게 하옵소서.

인생에서 혼돈이 사라지게 하는 비결

태초에 하나님이 창조하시기 전에는 흑암과 혼돈으로 아무 것도 없는 세상이었습니다. 그 위에 하나님의 영은 수면 위에 운행하시고 존재하셨습니다. 우주 전체가 어두움으로 가득 찼다는 것은 빛이 없었기 때문입니다. 흑암이라는 원어에는 '거룩한 하나님의 생명을 붙잡는다'라는 상형적인 의미를 담고 있습니다. 이 땅의 사람들이 흑암에 있는 것은 구원자 거룩하신 예수 그리스도를 믿음으로 붙잡지 못하기 때문입니다.

언제나 진리를 찾아 거룩하신 하나님의 성호를 붙잡고 있을 때 그 안에 생명이 있는 것입니다. 원어에는 '헤이트'라는 알파벳이 있습니다. 그것은 울타리를 나타내는 것이며 생명을 의미합니다. 예수 그리스도의 울타리 안으로 들어오지 않으면 영원한 생명이 얻을 수 없을 뿐 아니라 어두움에서 멸망의 길로 갑니다. 그 혼돈으로 말미암아 무질서한 것들이 판을 치고 그들에게는 진실한 삶은 없고 공허하고 텅 빈 상태로 있었던 것입니다.

원어에 혼돈이라는 것은 '토후'로서 십자가에 달린 예수 그리스도와 결합하여 숨 쉬고 예배드린다는 상형적인 의미를 담고 있습니다. 신앙생활에서 공허하고 혼돈한 것은 무질서이고 아무 것도 없는 영적인 삶에 병이 든 것입니다.

그러므로 우리의 텅 빈 마음을 말씀과 성령으로 채우고 승리하시길 예수 그리스도의 이름으로 축복합니다.

⚓ 묵상

어떤 한 사람이 무덤가에 서서 묘비를 보는데, 그 묘비에 "나도 전에는 당신처럼 그 자리에 그렇게 서 있었소!"라고 적혀 있는 것을 보았습니다. 그 사람은 픽하고 웃었습니다.

그리고 읽은 두 번째 줄에는 "나도 전에는 당신처럼 그곳에 서서 그렇게 웃고 있었소!"라고 적혀 있었습니다. 그러자 이 사람이 뭔가 진지해져서 세 번째 줄을 읽었더니 "이제 당신도 나처럼 죽을 준비나 하시오!"라고 적혀 있었다는 것입니다.

그렇습니다. 우리는 주님을 만나게 될 것입니다. 주님이 오시든지 우리가 죽게 되던지 만나게 될 것입니다. 보십시오. 냉정한 세월은 우리를 기다려주지 않고 자꾸 날아갑니다. 우리도 막 날아가는 것 같습니다.

✟ 오늘의 기도

혼돈을 질서 있게 하시는 하나님, 쉬지 말고 기도하고 거룩한 예배를 드리며 신령한 영적인 호흡을 갖고 삶의 현장에서 믿음으로 살아가게 하옵소서.

보석 같은 빛의 세계

우리가 살고 있는 우주만물에 어두움만 존재 한다면 눈으로 확인할 수도 없는 암흑의 세계로서 생명과 자연도 성장하는 것이 불가능해집니다. 하지만 전능하신 하나님이 빛을 창조하셨습니다. 태초에 하나님이 빛을 창조하셨기에 지구에 밝은 빛과 에너지를 태양으로부터 공급받게 하셨습니다.

모든 생명체의 근원은 빛입니다. 그러므로 인간 생명의 본체는 빛이신 예수 그리스도입니다. 성경에 나타난 원어에서의 '빛'은 '오르'이며 하나님의 권세의 힘으로 인하여 시작되었고 하늘과 땅을 연결시켜주는 특별한 역할을 가지고 있다는 의미입니다. 지구촌뿐만 아니라 우주는 빛없이 절대로 살 수가 없습니다. 성경은 하나님이 생명의 근원인 빛을 창조하셨으며 죄인으로 살아가는 인생들에게 육신과 영혼을 살리는 것도 빛이라는 사실을 알려주고 있습니다.

요한복음 1장 7절에 "그가 증언하러 왔으니 곧 빛에 대하여 증언하고 모든 사람이 자기로 말미암아 믿게 하려함이라"고 말하고 있습니다. 세례요한은 빛에 대하여 증거 할 뿐만 아니라 강조하고 있습니다. 그가 증거 한 빛은 예수 그리스도이십니다. 죄인인 우리는 그 빛 때문에 어둠에서 해방되었습니다. 그러므로 그 빛을 통하여 하나님께로 나아가는 복된 성도들이 되시기를 예수 그리스도의 이름으로 축복합니다.

🖂 묵상

옛날 어떤 의사가 한밤중에 13㎞나 떨어진 먼 시골로 중환자를 왕진하러 가야만 했습니다. 폭설이 쏟아지고 있었기 때문에 누군가의 도움이 없이는 그 집을 찾을 수가 없다는 것을 깨닫게 되었습니다. 그래서 의사는 가는 길목의 가장 가까운 첫 번째 집에다 전화를 걸어 창문에 등불을 켜 둘 것을 부탁했습니다. 그리고 이웃집에다 전화를 하도록 해서 역시 창문에 등불을 켜 두도록 부탁했습니다. 이렇게 하여 환자의 집에 이르는 동안 모든 길목의 집들이 창문에 등불을 켜게 되었고, 의사는 쏟아지는 폭설과 어둠을 뚫고 등불의 빛으로 인해 길을 찾을 수가 있었습니다.

바로 이러한 것이 우리 교회의 모습이어야 합니다. 교회는 한 사람의 생명을 살리기 위해 서로 도와주는 길목의 등불과 같은 '생명의 빛'이어야 합니다.

✝ 오늘의 기도

사랑의 주님, 생명의 빛이신 예수님을 통하여 죄인인 우리가 어두운 죄악에서 해방되고 복의 근원을 찾게 하시니 참으로 감사합니다. 빛 된 삶을 살도록 도와주옵소서.

하나님을 믿고 살아가자

우리가 살아가는 세상에서 눈에 보이는 것들은 모두가 소유주가 있습니다. 그렇다면 세상은 우주만물을 창조하신 하나님이 주인입니다. 스스로 계신 성부 하나님은 만물을 말씀으로 만드셨습니다. 영이신 창조주와 피조물 인간과의 접촉점이 되시는 인격체이신 성자 하나님이 이 땅에 오신 구원자 예수 그리스도입니다. 만세 전에 나를 택하여 주셔서 하나님의 백성이 되게 하셨습니다. 전능하신 하나님은 아무 것도 없는 무에서 온 우주만물과 작은 미생물까지 말씀으로 창조하신 것입니다.

하나님의 약속은 반드시 그대로 성취됩니다. 하나님은 '바라' 창조를 하시고 말씀으로 그대로 이루어지게 하시는 능력을 가지고 있습니다. 성경에서 땅은 원어로 '에레츠'이며 대지, 육지로 표현이 됩니다. 즉 하나님의 지혜와 최고의 권능으로 창조하시고 모든 땅의 만물을 소유하셨다는 주인임을 확증한 것입니다. 따라서 우리는 이 세상의 모든 것은 전능하신 창조주 하나님의 것임을 깨달아야 합니다. '태초에 하나님이 천지를 창조하시니라'는 말씀을 분명히 신뢰하고 우리에게 맡겨 주신 지구촌에서 청지기의 삶을 살다가 주님이 오라 하실 때 잘했다 칭찬을 받으며 천국에 입성할 수 있기를 예수 그리스도의 이름으로 축복합니다.

어느 아주머니가 목사님을 찾아가서 자신의 고민을 다 이야기했습니다. 그 이야기 속에는 신앙적인 내용이 전혀 없어서 목사님이 아주머니에게 물었습니다. "자매님, 하나님을 아십니까?"

질문을 받은 아주머니는 대답 대신 그 질문을 목사님께 되돌렸습니다. "목사님은 하나님을 아십니까?" 목사님은 "나도 모릅니다"라고 대답하고 이어서 중요한 말을 했습니다. "그러나 나는 매 순간마다 하나님의 역사에 대해서 놀라고 있습니다."

믿음으로 보면 이 세상에 하나님의 역사가 아닌 것이 없습니다. 모든 것이 하나님의 역사요 하나님의 품안에서 존재하므로 새삼 하나님을 안다 모른다 할 것이 없습니다. 증거가 부족한 것이 아니라 결국은 믿음이 문제입니다. 증거가 없는 것이 아니라 증거를 보지 않고 부정하고 있는 것입니다.

✟ 오늘의 기도

거룩하신 하나님, 말씀으로 땅을 만드신 창조주 하나님의 말씀이 그대로 이루어지고 창조하신 피조물들은 보시기에 좋았더라고 기뻐하신 것처럼 우리도 하나님을 기쁘시게 하는 성결한 삶을 살게 하옵소서.

순간마다 하늘 천국을 사모하는 삶

창세기 1장 8절에 등장하는 하늘은 사람의 눈으로 보이는 것이 결코 아닙니다. 히브리어 원어에 '하늘'은 '샤마임'으로 거룩하신 하나님의 이름이 있는 곳이며 말씀으로 정화되는 곳을 의미하고 하나님께서 직접 사역하는 곳이라는 것을 담고 있습니다.

특히 원어에 하늘이라고 하는 단어는 쌍수(복수)를 사용하고 있는 것을 인지할 때 우리가 육신의 눈으로 볼 수 있는 물리적인 하늘이 아니며, 우리 눈에 보이지 않는 존재의 하늘이 있다는 것입니다. 바로 그것이 하늘나라 천국입니다. 영원한 나라 천국은 하나님께서 직접 어린 양들과 함께 사역하는 곳입니다. 그곳은 항상 살아 있는 하나님의 말씀이 존재하고 지상에서 죄악을 십자가 보혈로 씻어 죄 용서함을 받고 예수 그리스도를 믿는 성도들만이 갈 수 있는 곳입니다.

단, 죄인들은 천국에 절대로 들어 갈 수 없는 곳입니다. 따라서 성도는 날마다 천국을 소망하고 임마누엘 되시는 하나님을 믿으며 어려운 환경 가운데서도 믿음을 잃지 말아야합니다. 하나님은 때가 되면 반드시 응답을 주시고 축복의 사람으로 인도해 주실 것입니다.

그러므로 살아가는 순간마다 하늘 천국을 사모하며 늘 하나님의 말씀으로 정화되는 은총을 누리며 삶의 현장에서 승리하는 성도들이 되시기를 예수 그리스도의 이름으로 축복합니다.

✍ 묵상

어느 한 사람이 한평생을 정신없이 바쁘게 살았더랍니다. 무엇이 옳고 그른지, 무엇이 이로운지 해로운지, 하나님이 계신지 안 계신지 생각할 겨를 없이 무작정 바쁘게 일에 쫓겨서 살다가 그도 별수 없이 죽었습니다.

그런데 천국 문 앞에는 베드로가 오른손에 생명책을 들고 떡하니 버티고 서 있었습니다. 그가 천국에 들어가려고 하니까 "당신 이름은 이 생명책에 없소"라며 가로막는 것이었습니다. "내가 세상에서 얼마나 바쁘게 살았는지 압니까? 당신이 그것을 모르니까 이러는 것이니 잘 찾아보십시오. 분명히 생명책에 내 이름이 있을 것입니다."

베드로가 대답합니다. "나도 바빠서 당신의 이름을 생명책에 기록하지 못했소."

✞ 오늘의 기도

생명의 주님, 죄악의 세상에서 하늘 천국을 사모하고 하나님의 말씀으로 정화되는 삶을 통해 거룩하고 성숙한 그리스도인으로 성장하게 하소서.

하나님의 형상으로 창조된 인간

인간은 이 땅에서 살아갈 때 무에서 유를 창조할 수 없습니다. 다만 존재하는 것을 활용하여 발견하는 것입니다. 하지만 태초에 하나님은 우주만물을 아무것도 없는 절대 무(無)의 상태에서 창조하시고 보시기에 좋았더라고 하셨습니다. 그리고 사람을 지으신 후 하나님이 창조한 그 모든 것을 보시고 심히 좋았더라고 극찬을 하셨습니다.

중요한 것은 하나님의 형상을 따라 인간을 창조했다는 것입니다. 사람은 동물과 달리 하나님의 그림자요 거룩한 속성을 가지고 있는 특별하고 존귀한 존재임을 말씀하고 있습니다. 특별히 하나님께서는 인간을 하나님의 형상을 따라 하나님의 모양대로 창조하셨습니다.

하지만 교만한 인간은 하나님처럼 되려는 욕심으로 불순종하여 에덴동산에서 추방되었습니다. 허물과 죄악의 수렁에서 해방되는 길은 생명 되시는 예수 그리스도 오직 복음뿐입니다. 그렇기 때문에 인간은 십자가 보혈의 능력 아래에서 무릎으로 회개하고 돌아와야 합니다.

사람은 하나님의 말씀인 성경을 통하여 자세히 알고 진리를 배우며 거룩한 생활을 익혀 겸손하게 살아야 합니다. 하나님의 말씀대로 실천하여 살아가는 그리스도인들이 되시기를 예수 그리스도의 이름으로 축복합니다.

✍ 묵상

한 병사가 사막에서 생활하는 어느 수도사를 찾아가 하나님이 자신의 회개를 받아 주실지 물었습니다. 수도사는 그에게 많은 것을 설명한 후 다음과 같이 물었습니다. "친구여, 자네는 옷이 찢어졌을 때 그것을 버리는가?"

그 병사가 대답했습니다. "아닙니다. 그것을 다시 수선해서 입습니다." 그러자 늙은 수도사가 그에게 반문했습니다. "자네가 옷에도 그렇게 신경을 쓰는데 하나님이 자신의 피조물에 대해 깊은 관심을 보이지 않으시겠는가?"

여러분은 돈이 찢어지면 그냥 버립니까? 찢어진 부분을 붙여 다시 사용합니다. 이것은 돈의 가치 때문입니다. 가치 없는 것은 버리고도 아쉬움이 없지만 가치 있는 것은 버리지 않고 어떻게 해서든지 고쳐서 다시 씁니다.

우리는 고귀한 하나님의 형상입니다. 그렇기 때문에 하나님은 우리가 실패할 때마다 회복하시고 하나님의 사람으로 다시 쓰십니다.

✟ 오늘의 기도

주님, 내가 먼저 하나님의 형상으로 지음 받은 자로 감사하고 주님을 성경말씀을 통하여 자세히 알고 진리를 배우며 거룩한 생활로 몸에 익혀 겸손하게 살아가게 하소서.

복음을 전파하시는 하나님의 영

이 땅에 복음을 전하는 이들이 많이 있어 하나님은 날마다 기뻐하십니다. 하지만 사람들에게 예수의 복음을 전해 주어도 절대 믿지 않는 자는 믿지 않습니다. 그렇다고 우리가 전도함에 있어서 낙심할 필요는 없습니다.

예수님이 영으로 가서서 옥에 있는 자들에게 복음을 전파하셨다는 말씀은 지옥에 가서서 복음을 전파하셨다는 것이 결코 아닙니다. '옥'이라는 것은 원어에 '가두다', '폐쇄하다', '갇히다', '억누르다'라는 뜻을 가지고 있으며 폐쇄되어 있고 억눌려 가두어 있는 상태를 의미하는 것입니다.

예수님은 이런 자들에게 가신 것이고 영으로 가셨다는 것은 하나님의 영을 의미하는 것입니다. 성령 하나님이 동행하시고 예수님의 말씀을 깨닫게 하시는 분은 오직 성령님이시기 때문입니다. 그러므로 옥에 가서 복음을 전파하셨다는 것은 지옥이 아니라, 영적으로 죄악 상태에 매여져 있고 구원을 받을 수 없는 자들에게 복음을 전파하셔서 구원시키기 위한 것입니다.

예수님은 지금 시대도 노아의 시대처럼 방주에 들어가는 날까지 시집가고 장가들고 자신의 일과 향락주의에 빠져 있는 것과 같다고 하셨습니다. 따라서 우리는 영적으로 죽어 있는 영혼들에게 복음을 전파했다는 사실을 원어 성경을 통해 확실히 깨닫고 무시로 복음을 전할 수 있기를 예수 그리스도의 이름으로 축복합니다.

📖 묵상

인도 선교사에게 한 사람이 다가와서는 말했습니다. "나는 당신들을 이해할 수가 없습니다. 인도는 많은 종교의 발상지이며, 굉장히 종교적인 나라인데 왜 당신은 또 하나의 종교를 전해서 혼돈만 가중시키십니까?"

그러자 선교사는 "친구여, 나는 종교에는 관심이 없고, 복음에 깊은 관심이 있습니다"라고 말했습니다. 종교와 복음 그 둘 사이에는 큰 차이가 있습니다.

종교는 인간이 만든 것이지만 복음은 하나님이 주신 것입니다. 종교는 하나님을 위해서 인간이 하는 것이지만 복음은 인간을 위해서 하나님이 해놓으신 것입니다. 복음은 하나님이 예수 그리스도의 성육신의 사다리로 내려오셔서 사다리의 맨 밑에 있는 죄인인 우리를 만나주시는 것입니다.

✝ 오늘의 기도

복음을 전하는 사역을 기뻐하시는 주님, 이 세상에 살고 있는 죄와 허물로 폐쇄되고 억눌린 영혼이 복음을 받아들여 구원 받게 하소서.

하나님이 정하신 날을 기억하라

하나님은 태초에 우주만물을 다 창조하시고 일곱째 날에 안식 하셨습니다. 특히 그 날을 복되고 거룩하게 하셨습니다. 성도는 하나님 이 정하신 이 날에 즐거워하고 기뻐해야합니다.

구약에 지켰던 안식일을 신약에 와서는 나를 구원하기 위해 독생자 예수 그리스도께서 죽음을 이기시고 부활하신 날을 주님의 날로 지키 고 있는 것입니다. 히브리어로 안식일은 '샤바트'로서 '쉬다, 끊어지다, 멸절하다'라는 뜻입니다. 인간의 몸과 영은 연약하므로 쉬지 않고 일을 계속 한다면 크고 작은 질병과 상처들이 생길 것입니다. 뿐만 아니라 하나님이 만들어 놓으신 창조 질서를 깨뜨리게 되고 삶에 심각한 문제 들이 발생하게 됩니다.

정기적으로 멈추는 지혜가 있어야 합니다. 영과 육을 휴식하면서 성 령의 감동으로 기록된 하나님의 신령한 말씀을 하늘에서 공급받으며 나의 죄를 제거하고 생활의 현장에서 있었던 과오들을 치우며 살아야 합니다. 구주 예수 그리스도의 십자가 보혈의 능력을 믿으며 죄는 단호 히 멈추고 그만두어야 하며 그치는 결단을 통하여 악한 세력은 끊어지 고 멸절하게 되는 신앙의 체험을 해야 합니다.

그러므로 거룩한 주일은 하나님을 만나는 기쁜 날이고 하늘의 만나를 통해 영적으로 쉬면서 재충전하는 것입니다. 교회에 모여서 성도들과 기뻐하고 즐거워하며 참된 예배를 드려야 합니다.

✍ 묵상

세상에서 무슨 일을 계획하고 추진할 때는 할 수 있는 한 가장 똑똑하고, 가장 우수하고, 가장 세련된 사람을 원합니다. 그렇기 때문에 사람들은 자신의 가치를 높이기 위해 더 많은 지식과 경험과, 더 많은 자격증, 더 나은 학벌을 얻고자 합니다. 이 세상의 일들이 이러한 유능한 사람들에 의해서 좌우되는 것처럼 보입니다. 이 세상이 잘난 사람들을 위해 있는 것같이 생각되기도 합니다.

그러나 하나님의 나라에서는 정반대입니다. 하나님께서 유대 민족을 선택하여 그들을 통해 인류 구원의 역사를 이루셨습니다. 그러면 유대 민족은 무엇 때문에 선택을 받았을까요? 다른 민족들보다 머리가 좋아서, 아니면 키가 커서, 아니면 강하고 아름다워서, 아니면 재능이 많아서, 아니면 믿음이 좋아서 선택을 받았을까요?

✟ 오늘의 기도

은혜의 주님, 구별된 하나님이 정하신 거룩한 주일을 언제나 기억하며 믿음을 통하여 나의 영혼이 기뻐하고 즐거워하는 복된 예배를 드리게 하옵소서.

선한 길을 깨달아 지혜롭게 살아가자

우리가 살아가는 곳곳에 비합리적인 것들이 참 많이 존재합니다. 우리의 삶에도 불공정하고 가치의 저울이 고장이 난 것들이 많이 있습니다. 그래서 사람들이 실망하고 속상해 하는 경우들을 심심치 않게 보곤 합니다.

공의가 공정하게 진행하는 것은 바람직하지만 그렇지 못한 것에 대하여는 저항의 목소리가 높습니다. 각국마다 사회의 크고 작은 공동체에서 정의가 하수같이 흘러야 합니다. 하나님이 창조하신 세계에는 더욱 더 정직이 살아있어야 합니다. 그래서 "모든 선한 길을 깨달을 것"이라고 하였습니다.

그렇다면 우리 삶의 현장에서는 인간관계에서 정직하고 친절하여 타인을 배려하고 예수님과 같이 진정한 섬김의 실천이 있어야 합니다. 매사에 공정한 것을 추구하고 부당한 것을 배척하고 정당한 것을 선호하여 밝은 사회를 만들어 가야만 합니다. 우리 그리스도인은 범사에 즐겁고 기쁘게 삶을 만들어 가는 지혜가 필요합니다.

하나님이 우주만물을 창조하시고 마지막으로 사람을 만드시고 매우 좋았더라고 흡족하게 고백했듯이 타인과의 관계가 매우 중요합니다. 아름다운 만남으로 예상치 못했던 어려운 장애물이 앞길을 막아도 주

님이 주시는 지혜로 능숙하게 하나님의 선한 길을 걸어 갈 수 있기를
축복합니다.

✍ 묵상

하나님을 공경하고 모든 일에 조심스럽게 사는 사나이가 랍비에게
말했습니다. "나는 하나님을 공경하기 위하여, 내 힘이 자라는 데까지,
있는 노력을 다해 왔습니다. 그러나 오늘, 뒤돌아보니 나는 아무런 진
보도 하지 않았습니다. 나는 이전과 조금도 변하지 않은 보잘 것 없는
사나이며, 아는 것이라고는 아무 것도 없습니다."

랍비는 이 말을 듣고 기뻐했습니다. "당신에게 축복이 있기를, 당신
은 전과 달라진 것이 없는 보잘 것 없는 사나이라고 아직껏 아는 것이
없다고 말했네. 자네는 큰 지혜를 배웠다네. 자네의 그 겸손이 말해 주
고 있다네."

겸손이란 무엇입니까? 자기를 내세우지 않고, 상대방이 말하고 싶어
하는 것이나 원하는 것이나 할 수 있는 것을 인정하려는 것입니다. 그
리고 친절은 겸손과 쌍둥이 입니다. 겸손해지지 않으면, 친절해질 수
없으며, 친절하지 않으면, 겸손해질 수 없습니다.

✟ 오늘의 기도

은혜의 주님, 생활 속에서 선한 길을 찾아 공의와 정의 그리고 정직을
실천하여 선한 목자 예수님과 함께 아름다운 열매를 맺게 하소서.

chapter 4

축복으로의 초대

우리가 평소에 무심코 내뱉는 말 한마디가 얼마나 중요한지 모릅니다. 말이 축복의 통로가 되기도 하고, 파멸과 고통의 입구가 될 수도 있습니다. 그래서 그리스도인들은 언제나 긍정적이고 선하며 좋은 말들을 하려고 애를 써야 합니다.

　무엇을 하든지 주변사람들에게 상처와 병을 주는 사악한 자가 아니라, 오히려 상처와 병을 치유하는 희망의 메시지를 전하는 자가 되려고 줄기차게 노력해야 합니다. 말은 인간의 삶을 섬세하게 조각하는 날카로운 끌과 망치와 같은 기능을 갖고 있기 때문입니다.

나를 인도하시는 축복의 길을 찾아라

사람은 모두가 자기의 인생길이 있습니다. 과거와 현재 그리고 미래의 길속에는 저마다의 애절한 사연들이 담겨져 있어서 고통과 시련의 속내를 다 알 수가 없습니다. 찬송가 308장 '내 평생 살아온 길' 가사에서 그리스도인들의 신앙고백을 들을 수가 있습니다. '길'이라는 원어는 '데레크'입니다. '데레크'는 도로, 태도, 방식으로 예수 그리스도의 문을 통과하여 지혜롭게 하나님의 마음을 닮아 겸손하게 자신을 비우고 생명의 말씀을 따라가는 의미를 가지고 있습니다.

또한 전혀 길이 없던 곳에 사람이 계속 다녀서 잘 닦여진 길을 말합니다. 숲에 길이 없어도 사람들이 자주 다니면 오솔길이 생겨 뒤에 오는 사람들이 평탄하게 걷는 것입니다.

예수님 자신이 인생의 길이 되셨습니다. 사람의 앞길은 아무도 모르며 어디에서 와서 어디로 가는지 모릅니다. 그래서 무작정 살아가는 이들도 있습니다. 길을 몰라 방황하며 미로처럼 복잡하고 막다른 길에 들어설 수밖에 없는 것입니다.

그러나 생명의 길이 있습니다. 예수님이 나를 인도하시는 축복의 길을 예비하셨습니다. 평생토록 따라가야 할 길은 바로 예수입니다. 만약 잘못된 길로 들어서 방황하고 있다면 빨리 돌이키시기 바랍니다. 예수만이 영적인 길, 그 인생길을 인도하십니다. 그러므로 예수님의 축복의 길을 찾아 남은 생애가 더욱 행복하시길 소망합니다.

✍ 묵상

사람은 살면서 수많은 말을 합니다. 한 살이 되었을 때에는 5단어, 2세 때에는 260단어, 3세 때에는 800단어, 5세 때에는 약 2000여 단어의 말을 할 수 있다고 합니다. 성인이 되면 하루에 한 남자가 쓰는 단어가 평균 2만 5천 단어나 된다고 합니다. 여자는 말이 더 많아서 3만 단어쯤 사용한다고 합니다.

1년 동안 자신이 사용한 단어로 책을 펴내면 4백 페이지에 달하는 책을 132권 만들 수 있다는 것입니다. 일평생 이야기하는 시간을 따로 모아보면 대략 13년을 꼬박 말하는 데 소비한다고 합니다. 그런데 그 많은 말 가운데 의식하지 않고 통제하지 않으면 축복보다 저주의 말을 많이 하게 된다는 것입니다.

✟ 오늘의 기도

평강의 주님, 어두운 방황의 인생길에서 돌이켜 생명의 길로 인도하시는 예수님을 믿고 진정한 하늘의 행복한 삶이 되게 하옵소서.

우주만물을 창조하신 하나님

자연세계와 영적인 세계는 우연히 형성된 것이 아닙니다. 눈에 보이는 것이 세상의 전부가 아닙니다. 사람의 눈에 확인 되지 않는 것들이 훨씬 더 많이 있습니다.

우주만물이 "태초에 하나님이 천지를 창조했다"라고 증언합니다. 말씀이신 창조주 하나님이 아무 것도 없는 상태에서 큰 것부터 아주 작은 것까지 만드셨습니다. 그래서 여호와는 제한이 없는 무한한 능력의 소유자입니다.

한 번 약속하신 것은 틀림없이 계획하신 그대로 이루어주시는 성부, 성자, 성령 삼위일체 하나님은 스스로 계시며 영원 전부터 영원까지 이생과 내생의 모든 것을 다스리는 통치자입니다. 시공간을 초월하시는 영이십니다. 세계와 인간의 주인은 피조물이 아니라 하나님입니다.

히브리어로 하나님은 '엘로힘'입니다. 그 의미는 생명을 공급하시고 가장 신성한 하나님께서 막대기로 인생들을 통치하시며 예배드리는 자에게 복음의 말씀을 보여주시고 그의 자녀들에게 축복하시는 것입니다.

하나님은 우리에게 진리의 말씀과 만물을 통하여 가르치시며 또한 사람을 통하여 역사하십니다. 구원의 하나님은 우상을 가장 싫어하시고 말씀에 순종하여 일하는 성도들을 기뻐하십니다. 그러므로 오직 창조주 하나님께만 찬양하고 경배하는 복된 믿음의 가족들이 되시기를 소망합니다.

✍ 묵상

어느 여인의 차가 고속도로에서 서버렸습니다. 아무리 해도 시동이 걸리지 않고, 주행선 밖으로 차를 옮기려고 해도 할 수 없었습니다. 많은 애를 쓰다가 여인은 지쳐 버렸고 속이 상해 울고 있었습니다. 한참 후에 차 한 대가 다가와 옆에 서더니 한 신사가 내렸습니다. 그리고 도와주겠다고 합니다. 차를 몇 군데 만지더니 시동을 걸어 보라고 합니다. 곧바로 시동이 걸렸습니다. 여인이 놀라서 누구냐고 묻자 노인은 대답했습니다. "저는 헨리 포드입니다." 그는 바로 그 자동차를 만든 사람이었던 것입니다.

하나님은 우리의 창조자이십니다. 하나님은 우리를 아시되 우리의 체질을 아시고, 우리의 머리카락까지 세실 정도로 세밀하게 알고 계십니다.

✟ 오늘의 기도

처음과 나중 되신 주님, 말씀으로 우주만물을 창조하신 하나님만 신령과 진리로 예배하는 신앙생활을 하게 하옵소서.

변하지 않는 진리이신 예수

지금도 인생을 방황하며 살아가는 이들이 많습니다. 자신의 가치관과 세계관, 철학에 사로잡혀 그릇된 사상을 추종하며 어두운 영에 붙잡혀서 고집을 내려놓지 않고 살아갑니다. 계속해서 고집스런 삶을 영위한다면 그들에겐 미래가 없습니다.

그러나 생명과 진리와 부활에 이르는 유일한 길이 있습니다. 그것은 예수님 앞으로 가는 것입니다. 예언의 완성이신 메시아 예수 그리스도가 이 땅에서 변하지 않는 유일한 진리입니다. 우주만물을 창조하신 하나님이 독생자 예수 그리스도를 이 땅에 보내주셨고 예수님은 십자가에서 구원의 사역을 완수하셨습니다. 예수님의 말씀은 진리이므로 절대로 변함이 없습니다.

진리는 처음과 중간과 마지막이 동일하다는 것입니다. 하나님이 우주만물을 시작하셨고 예수님이 십자가에서 완성하심으로 구원을 이루셨습니다. 그러므로 성도는 진리 되시는 예수 그리스도를 따라 가는 인생이 되어야 합니다. 그 진리를 따르지 않는 것은 결국 영원한 죽음의 길로 가는 것과 같은 것이기 때문입니다.

처음과 나중 되시는 예수가 알파와 오메가임을 믿고 나의 중심에 진리를 소유하므로 어떠한 고난과 환경의 변화가 있다하여도 오직 진리

이시고 길이며 생명 되시는 예수 그리스도와 함께 멋진 인생을 걸어갈
수 있기를 축복합니다.

✍ 묵상

그리스도인이라면 하나님의 말씀의 진리 앞에 진실해지기 위해 힘써
야 합니다. 자신의 양심은 가끔 속일지라도, 주변에 있는 사람들에게
허장성세를 부릴지라도 하나님 앞에 서 있는 순간만은 진리 앞에 진실
해야 합니다. 거기에 그리스도인의 살 길이 있습니다.

그러므로 하나님 앞에 나아가 부족함을 고백하고, 간구해야 합니다.
언젠가 우리 모두는 하나님의 진리 앞에 진실과 직면하게 될 날이 있음
을 기억해야 합니다.

⚓ 오늘의 기도

진리이신 주님, 인생을 방황하며 살아가지 말고 오직 생명과 길이며
변함없는 진리이신 예수님을 믿고 짧은 생애에서 반드시 승리하며 살
게 하소서.

감사하는 삶을 살자

대부분의 사람들은 외모와 형식에 비중을 많이 둡니다. 물론 사회생활을 하면서 그것을 무시할 수는 없겠으나 지나치게 형식주의에 빠지면 중심을 잃을 수가 있습니다. 우리의 삶에서 중요한 것은 마음과 정신 그리고 행동양식 및 분별력을 올바르게 사용하는 것입니다.

성경에 "나는 인애를 원하고 제사를 원하지 아니하며 번제보다 하나님을 아는 것을 원하노라"(호 6:6)고 했듯이 지나치게 형식주의에 머무르고 있으면 아무리 경건해 보이고 거룩한 말을 하며 아름다운 찬양을 해도 아무소용이 없습니다. 주님의 울타리 안으로 들어온 성도는 예수님과 소통이 되고 지지함과 버팀을 받을 수 있습니다.

'인애'라는 것은 원어로 '헤세드'입니다. 헤세드는 '은혜, 친절, 인자, 자비, 자애, 불쌍히 여기다'입니다. 하나님은 죄인이었던 우리를 불쌍히 여기시어 아들 예수를 보내시고 십자가 보혈의 은혜로 우리를 구원해 주셨습니다. 하나님이 우리를 구원의 울타리 안으로 들어가도록 허락하신 것입니다. 우리는 세상에 살다보니 모든 것이 육신의 잣대로 판단하고 있습니다. 진정한 하나님의 인애, 사랑은 형식주의가 아니라 죄인이었던 나를 살리시기 위해 십자가에 못 박혀 죽으시고 부활하신 복음을 주신 것입니다. 그러므로 가장 큰 하나님의 사랑이 축복인 것을 알아 삶의 현장에서 지치고 힘든 일들이 있을지라도 감사하며 살아가시길 소망합니다.

🖋 묵상·

사람들에게서 감사가 부족한 것은 당연하게 여기기 때문입니다. 당연하다고 생각하면 감사할 수 없습니다. 당연한 것은 감사한 것이 아닙니다. 우리가 숨 쉬는 공기에 대해 감사해 보셨습니까? 감사하지 않습니다. 당연하다고 생각하기 때문입니다.

내가 만들지 않은 공기를 호흡하면서 감사하지 못하고 왜 당연하다고 생각할까요? 논리적으로는 감사해야 마땅한데, 알면서도 감사하지 않습니다. 우리는 감사해야 알 이유를 깨달아야 합니다. 아무 자격도 없는 우리에게 은혜를 주신 하나님을 생각하고 감사할 줄 알아야 하는 것입니다.

✟ 오늘의 기도

영생을 주시는 주님, 하나님의 인애를 받은 자로서 감사하며 살게 하시고, 예수 그리스도의 십자가 보혈로 승리하는 삶이 되는 성도가 되게 하소서.

태초부터 있는 생명의 말씀 예수

구약 시대의 왕, 제사장, 선지자들은 기름부음을 받아 사역을 할 수 있게 하였습니다. 신약 시대의 세 가지 의미를 갖추고 계신 분이 메시아이며 그리스도입니다. 구원자 메시야가 태어날 베들레헴 에브라다는 예루살렘 남방 7km 지점에 위치한 작은 마을이었습니다. '에브라다'는 '곡물의 땅'이란 뜻으로 베들레헴의 옛 지명이기도 하며 메시야의 초림과 출생지로 예언되었습니다.

특히 베들레헴은 집과 떡이라는 단어가 합성된 것이고 레헴은 모태라는 뜻으로 떡집이 된 것입니다. 따라서 베들레헴은 영적인 양식을 제공하는 특별한 장소로 예수 그리스도께서 태어날 것을 미가 선지자가 예언하였습니다. 요한복음 6장 35절에는 "예수께서 이르시되 나는 생명의 떡이니 내게 오는 자는 결코 주리지 아니할 터이요 나를 믿는 자는 영원히 목마르지 아니하리라"고 하였습니다. 인간이 구원 받을 수 있는 유일한 길은 오직 예수입니다.

메시아는 우주만물을 창조하시고 통치하시는 여호와 하나님의 위엄을 가지고 태초부터 있는 생명의 말씀이 육신이 되어 오셨습니다. 평강의 왕 예수가 길이요, 진리요, 생명으로서 자기 백성을 그들의 죄에서 구원하시기 위한 섭리로 오셨기 때문에 그리스도로 말미암아 완벽한

평화를 누릴 수 있습니다. 그러므로 성도는 메시아이신 예수 그리스도
가 나를 위해 죽으시고 부활하신 것을 믿어야합니다.

✍ 묵상

오래 전 피라미드에서 꽃병 하나를 발견했습니다. 그런데 그것을 내
리다가 그만 땅에 떨어뜨려서 깨어져 버렸습니다. 그런데 그 속에 이상
하게도 씨앗이 들어 있었습니다. 하도 이상해서 그것을 땅에 심었습니
다. 그런데 그 씨앗에서 싹이 났습니다.

왜 수백 년이나 된 이 씨앗에서 싹이 났을까요? 해답은 간단합니다.
생명이 있기 때문입니다. 생명력 있는 씨를 뿌려야 싹이 나고 잎이 돋
고 열매가 열리게 됩니다. 생명력이 없는 씨앗은 아무리 많이 심어도
싹이 날 수 없습니다.

그러므로 성도들은 생명력 있는 씨를 뿌려야 합니다. 그러면 생명이
무엇입니까? 예수님에 대한 믿음이 생명의 씨입니다.

✟ 오늘의 기도

거룩하신 하나님, 생명의 떡이신 예수님을 믿으며 영원히 목마르지
않는 영생의 길을 걷게 하시고 평강의 왕이신 예수 그리스도의 이름으
로 살아가게 하옵소서.

기도하고 순종하여 변화되자

인간은 변화를 싫어합니다. 그러나 하나님의 뜻에 순종하기 위해서는 인간적인 방법을 포기하고 말씀에 순종해야 합니다. 익숙한 자신의 삶과 편안한 생활에서 고집을 내려놓고 복종한다는 것은 쉬운 것이 아닙니다. 크리스천들에게도 예외는 아닙니다.

이스라엘이라는 단어는 야곱에서 이스라엘로 변화된 이름으로 통치하다, 겨루다와 하나님과 권능자의 단어가 합성하여 만들어진 상형적인 의미가 있습니다. 유일하신 권능자 되시는 하나님이 거룩한 이름을 위하여 부르신 것입니다. 또한 축복을 주시기 위하여 통치하시고 영적인 권위로 이끄시는 것입니다. 우주만물을 창조하신 하나님의 이름으로 말씀을 배우고 단련하여 하나님의 백성이 되어야합니다.

야곱은 얍복 강가에서 생명을 걸고 기도하다가 허벅지 관절이 부러지게 되었습니다. 그리스도인들은 하나님의 말씀으로 훈련을 받고 인도함을 받아야 합니다. 순종하지 않으면 진노와 나라를 빼앗기는 설움과 포로가 되는 신세가 됩니다.

이스라엘 백성은 하나님의 말씀에 살아야하고 그분의 통치를 받아야 합니다. 우리는 영적인 이스라엘 백성입니다. 그러므로 선민이고 구원 받은 성도입니다. 그렇기 때문에 인간적인 방법을 포기하고 하나님의 말씀대로 사역해야 합니다. 언약의 말씀을 신뢰하고 절대 순종하여 연단의 현장에서도 잊지 말고 기도하여 변화된 삶을 살아갑시다.

🖎 묵상

레오날드 우드(Leonard Wood) 경이 프랑스 왕을 방문하였습니다. 왕은 그가 무척 마음에 들어 만찬에 초대한다는 기별을 보냈습니다. 레오날드는 다음 날 궁전에 들어가 홀에서 왕을 만났습니다. 왕은 의외라는 표정으로 반갑게 맞이하며 말합니다. "레오날드 경, 나는 이곳에서 당신을 보게 되리라고 정말 기대도 못했소. 어찌된 일이오?"

그러자 레오날드 경은 당황한 얼굴로 되물었습니다. "폐하께서 저를 초대하지 않으셨습니까?" "그랬었소. 하지만 경은 나의 초대에 아무런 응답도 보내지 않지 않았소."

비로소 사태를 이해한 우드 경은 정중히 대답했습니다. "왕의 초대에는 가타부타 대답할 수 없습니다. 다만 순종만 있을 뿐입니다."

♱ 오늘의 기도

위로의 주님, 제가 살아가는 동안 하나님의 말씀에 복이 되게 하시고 쉬지 말고 기도하고 순종하여 야곱처럼 변화되는 믿음의 삶을 살게 하소서.

자기 몸을 구별하라

텔레비전 광고 중에 가정용 운동기구에 관한 것들을 자주 보게 됩니다. 복부근육을 단련시켜 주는 운동 기구들은 정말 어떤 것을 선택해야 할지 판단을 내리기조차 어려울 정도로 계속해서 새로운 것들이 개발되어 선전합니다. 그런 광고 속에 인용되는 성공 사례란 것들을 보면 자신의 복부비만을 염려하는 사람들로서는 정말 침이 꼴깍 넘어갈 만큼 현혹적입니다.

이런 광고들은 사람이라면 공통적으로 가지고 있는 한 가지 욕구를 집중적으로 자극시킵니다. 그것은 곧 자기 자신이란 존재를 더 아름답고 더 멋있고 더 매력적인 사람으로 탈바꿈시켜 보고 싶은 마음입니다. 바로 그 욕구 때문에 사람들은 온갖 이상하게 생긴 기계를 방안에다 들여 놓고 매일 그것을 붙잡고 땀 흘리는가 하면, 조깅으로 혹은 헬스클럽에 다니면서 부지런히 몸매를 가꾸는 것 아니겠습니까? 물론 성도는 그런 것을 무시해야 한다는 뜻에서 하는 말은 결코 아닙니다. "육체의 연습은 약간의 유익이 있으나"라고 사도 바울이 말했듯이, 그 같은 체력 단련도 분명히 자신에게 유익한 것임에는 틀림없기 때문입니다. 사실 따지고 보면, 그처럼 규칙적으로 운동한다는 자체부터가 부지런한 성격과 끈기가 아니고서는 도저히 해내지 못할 일인 것입니다. 하지만

우리 기독인들에게는 그처럼 몸매를 가꾸어 자신을 더 아름답게 하고
자 하는 것보다 한 차원 더 높은 수준의 '연습'이 있습니다. 그것이 바로
우리 자신을 하나님 앞에서 더 아름다운 모습으로 가꾸고자 하는 '경건
의 훈련'입니다.

하나님 앞에 어제보다 오늘 더 아름다운 모습으로 나가가기를 소망
하면서 경건생활을 결단하고, 결코 게으름을 피우거나 변명을 앞세우
지 않고 꾸준히 경건생활을 연습합시다. 그 경건생활을 다른 사람이
아닌 바로 나 자신부터가 꼭 성취해야 할 과제인 줄로 명심함으로써
자신의 신앙생활의 건강을 날로 증진시켜 나가는 성도들이 되시기를
축복합니다.

✍ 묵상

지금 이 시대는 지식과 정보가 넘쳐나고 있습니다. 방송을 통해 하
루 종일 설교나 세미나를 들을 수 있습니다. 성경을 몰라서 신앙생활
하는데 문제가 될 사람은 없습니다. 오히려 너무 많이 아는 것이 문제
입니다.

"속에 육조판서가 들었으면 무엇 한다더냐"라는 옛 속담이 있습니다.
학식이 아무리 풍부하다해도 덕행이 없으면 그 학식이 쓸모없다는 뜻
입니다.

✟ 오늘의 기도

거룩하신 하나님, 세상의 소욕을 버리고 하나님 앞에서 경건의 삶을
살아가는 성숙한 삶이 되게 하시며 몸을 구별하게 하소서.

도피성이 세워진 땅

사람들은 사랑을 말하며 대부분의 노래 가사에는 사랑이란 말이 들어가 있습니다. 비록 직접적으로는 사랑이란 단어를 사용하지 않는다 할지라도 그 내용은 사랑이 주를 이루는 경우가 허다합니다.

많은 글이나 방송, 강연, 그리고 학교 등에서도 서로 사랑하라고 가르칩니다. 그런데 그토록 사랑할 것을 가르침 받고, 또 사랑하기 위해 노력하지만 그게 말처럼 쉬운 일이 아닙니다.

사랑하고 싶어 하고, 사랑하기로 결심하여 사랑할 수 있다면 세상은 더 이상 법이 필요 없을 것입니다. 왜냐하면 한번쯤은 '사랑해야지!'하고 마음 먹어보지 않은 사람은 거의 없을 것이기 때문입니다.

그럼에도 불구하고 인간은 변하지 않고 있으며, 계속해서 더 세부적인 법조항이 만들어져야 하는 현실 속에 우리는 살고 있습니다. 이것이 인간의 한계입니다. 사랑이란 사랑하는 쪽이 사랑 받는 쪽 때문에 온갖 고통과 손해를 감수하는 것을 말합니다. 그러나 세상에서는 예수님처럼 무조건 사랑하는 사랑이 없습니다. 세상의 사랑은 내가 상대방을 사랑할 만큼만 사랑합니다.

이 세상에서 상대방의 죄를 자기 고통으로 받아들이고 상대방의 짐을 완전히 짊어지는 사랑이란 찾아볼 수 없습니다. 인간은 남을 도와준다고 할지라도 자기가 필요한 것은 남겨놓고 도와줄 뿐입니다.

오늘도 우리는 완전하신 예수님이 오시기를 기대하며 살아갑니다. 그분만이 우리의 소망이기 때문입니다. 우리의 소망이신 예수님만 바라보며 살아가는 성도들이 되기를 바랍니다.

🖎 묵상

4세기 동방의 명설교가였던 요한 크리소스톰이 사회악을 꾸짖고 황후 유독시아의 사치를 나무라다가 귀양살이를 가게 되었습니다. 그러나 그는 태연히 말했습니다.

"내가 무엇을 두려워할까? 죽음인가? 아니다. 나의 생명은 그리스도께 감추어져 있다. 내가 사는 땅에서 쫓겨나는 것인가? 아니다. 땅과 그 가운데 있는 모든 것이 주님의 것이다. 나의 소유를 잃는 것인가? 아니다. 내가 이 세상에 가지고 온 것은 없고 떠날 때도 가지고 갈 것은 없다. 나의 보화는 하늘에 감추어져 있다. 저들이 나를 쫓아내면 나는 엘리야처럼 될 것이고, 그들이 나를 구덩이에 던져 넣으면 나는 예레미야처럼 될 것이고 굴에 던져 넣으면 다니엘처럼 될 것이고, 돌로 친다면 나는 스데반처럼 될 것이고 목을 벤다면 세례 요한처럼 될 것이다. 그리고 나를 매질한다면 나는 사도 바울처럼 될 것이다."

✿ 오늘의 기도

생명의 주님, 우리가 가는 길을 친히 인도하시니 감사합니다. 완전하신 하나님, 이스라엘의 하나님, 다시 오실 완전한 예수님을 바라보는 삶이 되게 하소서.

말씀을 지켜 행하게 하라

부모들은 성장하는 자식들에게 "이렇게 해라, 저렇게 해라" 하고 가르칩니다. 그러면서 "만일 네가 부모 말을 듣지 않으면 후회하게 될 것이다"라고 합니다.

이렇게 말하는 이유는 자식들의 타락을 미연에 방지하고, 잘못된 결과가 나왔을 경우 그것은 부모의 말을 듣지 않은 죄의 결과이며, 만일 어려움에 처했어도 다시 부모의 말을 기억하고 돌아오도록 하기 위함입니다. 신명기 32장은 하나님의 지시에 의해 부른 이스라엘 백성을 향한 '모세의 노래'입니다. 이 노래에는 하나님의 극진하신 사랑이 소개되어 있습니다.

그럼에도 불구하고 이스라엘은 배교할 것이란 말씀이 나옵니다. 하나님께서는 그런 이스라엘에 대해 진노하실 것이며, 아울러 이스라엘의 대적들에게도 공의의 심판을 내리실 것을 노래하고 있습니다. 이 모세의 노래는 비록 타락과 심판이라는 이스라엘의 암울한 미래사를 예언하고 있지만, 진정 이 노래가 목적하고 있는 것은 이스라엘의 타락을 미연에 방지하며, 타락할 때는 심판의 원인이 죄 때문이라는 것을 깨우쳐서 그들로 하여금 마침내 회개하고 다시 하나님의 품으로 돌아오게 하려는 데 있습니다.

우리는 이 거룩하신 하나님의 말씀을 바로 알고, 바로 믿고, 바로 전하여 하나님의 뜻에 합당한 삶이기를 주의 이름으로 축복합니다.

🐚 묵상

부모와 자식의 관계는 하나님과 우리 성도들과의 관계를 설명해 주는 교과서와도 같습니다. 그러므로 하나님의 뜻을 헤아려 사는 일에 대한 우리의 실상을 알아보려면 아이들을 살펴보면 됩니다. 아이들은 나름대로 '우리 부모님은 내가 이렇게 하면 기뻐하실 거야!'하고 행동하지만 사실은 빗나갈 때가 많습니다. 어떤 경우는 알아도 그 뜻을 따르기 싫으면 외면해 해버리는 경우도 있습니다.

우리와 하나님과의 관계도 그렇습니다. 우리는 나름대로 하나님의 뜻대로 산다고 하지만 전혀 엉뚱하게 내 생각대로, 혹은 사회의 관습을 좇아 살아가며, 설혹 안다고 해도 내 마음에 맞지 않으면 무시해 버리고 모른 채 해버리고 마는 것입니다. 그리고 어려운 점은 하나님의 뜻이라는 것은 너무나도 광범위하고 가지 수 많은 것입니다. 목표가 많으면 집중력이 떨어지게 됩니다. 집중적인 노력과 실천에 대한 평가가 이루어지기 위해서는 몇 가지 핵심적인 모토가 필요합니다.

✟ 오늘의 기도

말씀이신 하나님, 우리가 삶의 여정에서 거룩하신 한 분 하나님만 바라보고 그의 의의 말씀을 전하는 천국 백성의 삶을 살게 하옵소서.

라합의 믿음

예수님 시대에 제자들은 아무도 예수님을 알지 못했습니다. 만약 믿음이라는 문제를 단순히 예수님을 따라다니고 예수님의 이야기를 들어주고 옆에서 수종을 드는 것만으로 얘기한다면 제자들은 모두 믿음이 있는 사람들입니다. 자기 직업까지 팽개치고 예수님을 따라나섰는데 그만한 믿음이 또 어디에 있겠습니까? 예수님을 잘 알았다면 몰라도 알지도 못한 사람이 '나를 따르라'고 하는 한마디에 자기의 일을 다 버리고 따른다는 것은 참으로 힘들다고 말할 수밖에 없습니다.

이것은 오늘 이 시대에서도 마찬가지입니다. 교회 다니는 것을 믿음이라고 하기 이전에, 교회를 다니고 설교를 듣는 우리들의 행위들이 과연 죽음을 이길만한 힘이 되는가를 생각해 봐야 합니다. 죽음에 대한 두려움을 극복하고 죽음을 앞에 두고서도 당당하게 그리스도로 기뻐할 수 있는 믿음의 힘이 교회를 다니는 것으로 발생할 수 있다고 생각하십니까? 만약 그렇다면 왜 제자들은 예수님을 직접 모시고 직접 말씀을 들으며 살았는데 십자가 죽음이라는 두려움 앞에서 도망을 치고 만 것일까요? 믿음이라는 문제는 인간 쪽에서는 해결할 수 없는 것입니다. 믿겠다고 해서 믿어지는 것도 아니고, 나는 믿는다고 해서 믿고 있는 것이 아닐 수가 있다는 것입니다. 지금 우리에게 필요한 것은 믿어야 하는 것도 아니고 믿음의 확신도 아닙니다. 믿음에 대한 확인입니다. 믿음이 무엇인가를 알고 그 믿음이 과연 내 속에서 나를 지배하고 있는 지를 확인하는 것이 필요합니다. 그리고 믿음이 아닌 것으로 발각되는 것은 모두 쓰레기로 여기고 빈 마음으로 예수님을 찾아 나오는 것이 필요합니다.

여러분의 나라는 어떤 나라입니까? 대한민국입니까? 하나님의 나라 입니까? 하나님이 함께 하시는 나라에 우리의 남은 인생을 걸 수 있는 성도들이 되기를 바랍니다.

✍ 묵상

거미가 공중에 매달려 있습니다. 거미줄을 건드리면 거미는 단숨에 올라갑니다. 언뜻 보면 허공에 매달려서 아무 것도 없는 것처럼 보이지 만 거기엔 거미줄이 있습니다. 거미는 보이지 않는 거미줄을 타고 다른 곤충이 공격하면 신속히 움직여 피합니다.

이처럼 믿음은 보이지 않지만 우리의 생명을 지켜 줍니다. 두려움이 있을 때 하나님을 의지하면 신속히 움직일 수 있습니다. 우리가 이 광야 같은 세상에서 어떻게 살 수 있습니까? 그것은 '오직 믿음'입니다.

♱ 오늘의 기도

주님, 하나님께서 성민의 나라와 민족을 주시고 주님을 예배할 수 있는 은혜를 주심을 감사하며 오직 주님만을 위한 삶이 되게 하옵소서.

섬김의 모델

유월절 만찬 때 예수님의 제자들 가운데 문제가 생겼습니다. 그것은 누군가 발을 씻어줘야 하는데, 문제는 발을 씻기는 자가 제일 작은 자로 여김을 받는 것이었습니다. 그래서 그들은 더러운 발 그대로를 가지고 그곳에 앉아 있었습니다. 이때 예수님은 친히 수건을 두르시고 제자들의 발을 씻어 주시고 섬김의 교훈을 주셨습니다.

"내가 너희에게 행한 것을 너희가 아느냐 너희가 나를 선생이라 또는 주라 하니 너희 말이 옳도다 내가 그러하다 내가 주와 또는 선생이 되어 너희 발을 씻었으니 너희도 서로 발을 씻어주는 것이 옳으니라 내가 너희에게 행한 것 같이 너희도 행하게 하려 하여 본을 보였노라"(요 13:12-15).

하늘나라에서 큰 자는 세상에서 섬기는 자입니다. 그렇기 때문에 예수님은 이것을 제자들에게 평생 잊지 않도록 자신이 몸소 섬김의 모델이 되셨습니다.

제자들은 스승의 본을 따라 낮아져야 합니다. 서로가 서로에 대하여 종의 마음으로 섬기는 삶을 살아야 합니다. 섬김은 내가 낮아지는 것이며 내가 죽는 것입니다. 낮아지고 죽지 않고서는 절대로 섬길 수 없습니다. 우리는 섬김의 실천으로 날마다 낮아지고 죽어야 합니다.

그러면 성경이 우리에게 요구하는 섬김은 어떤 것일까요? 그것은 겸손하게 낮아져서 예수님처럼 섬김의 마음을 갖고 행하는 것입니다. 바울은 섬김의 본을 보여주신 예수님의 마음을 우리 안에 품으라고 권면하고 있습니다.

참된 섬김은 누구에게 인정받기 위해서 하는 것이 아니라 마음속에서 우러나오는 감사의 마음으로 자발적으로 하는 것입니다. 그렇기 때문에 어떤 것도 요구해서는 안 됩니다. 온전한 섬김은 자신의 모든 안락과 보상과 권리를 포기하고 헌신하며 살아가는 것입니다.

✍ 묵상

우리 속담에 "한 부모는 열 자식을 거느려도 열 자식은 한 부모를 못 거느린다"는 말이 있습니다. 왜 그럴까요? 부모는 사랑으로 자녀를 대하기 때문이고 자식들은 의무감으로 부모를 섬기려 하기 때문입니다.

섬김은 사랑이 없이는 불가능합니다. 부모가 온갖 수고를 다하며 자녀를 키우고 뒷바라지 하는 일은 사실 종노릇과 다를 바 없습니다. 그러나 어느 부모도 자녀에게 종노릇한다는 생각을 하지 않습니다. 사랑하기 때문입니다.

♱ 오늘의 기도

섬김의 본이 되신 주님, 의인의 길은 여호와께서 인정하시나 악인들의 길은 망하리라는 말씀을 통해 말씀의 은혜로 살아가는 성도가 되게 하소서.

동행의 조건

동행하려면 자기의 생각을 주장해서는 안 됩니다. 뜻이 다르면 같이 살 수도, 함께할 수도 없습니다. 그래서 정치인들도 당을 만들었다가 뜻이 다르면 갈라섭니다. 가는 길이 다른데 어떻게 하나가 되어 동행할 수 있겠습니까?

하나님과의 관계에서도 마찬가지입니다. 자기의 뜻만 주장하고 하나님을 무시하면 동행할 수 없습니다.

인생은 열심보다 방향이 중요합니다. 속도보다 방향이 중요합니다. 그래서 바울은 "너희는 믿지 않는 자와 멍에를 함께 매지 말라"(고후 6:14)고 말씀하고 있습니다. 젊은이들은 배우자를 고를 때 인생의 방향을 함께 할 수 있는 사람을 만나야 합니다. 우리 주변에는 인생의 방향이 다르므로 한숨쉬며 눈물짓고 살아가는 사람들이 많습니다.

하지만 인생이 힘들고 어려워도 인생의 방향이 같으면 함께 무릎을 꿇어 기도할 수 있습니다. 누가 행복한 자일까요? 어려운 중에도 함께 손을 맞잡고 함께 찬양 드리며 함께 하나님의 보좌를 향하여 나아가는 사람입니다.

많은 사람들이 바울의 곁을 떠나갔지만 누가는 초지일관 변함없이 늙은 사도인 바울과 함께 했습니다. 선교의 현장에서 바울과 함께 울고, 바울과 함께 웃고, 바울과 함께 헐벗고, 바울과 함께 풍랑을 만나기도 하고, 바울과 함께 굶주린 사람이 바로 누가입니다.

그 이유는 바울의 목적이 자기의 목적이고 바울의 생각이 자기의 생각이었으며 바울의 소원이 자기의 소원이었기 때문입니다. 인생의 목적과 방향이 같았기 때문입니다. 인생은 열심히 사는 것도 중요하지만 방향을 갖는 것이 더 중요합니다. 그러므로 주님과 동행하는 삶이되기를 축복합니다.

✍ 묵상

유대인이라는 이유 하나만으로 동료들이 가스실에 끌려가 죽임을 당하는 모습을 보며, 한 사람이 하나님을 원망하며 수용소 벽에 이렇게 적었습니다. "God is no where!" 많은 사람들이 그 글귀를 보며 더더욱 절망에 빠져들었습니다.

그때 한 유대인이 그 내용을 "God is now here!"로 바꾸었습니다. 어디에도 없는 하나님이 지금 이 자리에 함께 하시는 하나님으로 바뀐 것입니다. 그때부터 죽음에 직면한 많은 사람들이 하나님으로부터 희망을 찾으며 삶을 이어갔습니다.

✟ 오늘의 기도

영원하신 하나님, 동행자가 누구냐가 중요하다는 것을 배우게 되어 감사합니다. 주님과 동행하는 삶을 살아갈 수 있는 믿음을 주옵소서.

고난과 하나님의 섭리

사람들은 대개 고난을 죄의 결과로 생각합니다. 그러면 의인이었던 욥은 왜 고난을 당했을까요? 욥을 의인이라고 생각하면 욥의 고난의 문제는 풀리지 않는 수수께끼가 됩니다. 과연 욥은 절대 의인이었을까요?

욥기 서두만 읽으면 욥은 100퍼센트 순전한 사람이라는 인상을 받습니다. 이것이 욥이 고난을 당하게 된 피상적인 이유입니다. 그러나 욥기 전체를 읽어보면 숨겨진 고난의 이유를 찾을 수 있습니다. 욥의 고난을 이해하기 위해서 우리는 일단 욥이 절대적 의인이 아니라는 사실을 알아야 합니다. 결코 욥은 완전하지 않았습니다. 의인은 없나니 하나도 없습니다(롬 3:10). 욥은 상대적으로 의로웠을 뿐입니다.

욥은 재산을 잃고, 자녀를 잃고, 자신의 건강을 잃었습니다. 그때 욥의 아내는 "당신이 그래도 자기의 순전을 굳게 지키느뇨 하나님을 욕하고 죽으라"(욥 2:9)고 했습니다. 욥이 고난 중에 있을 때 그의 아내는 여러 가지 말을 했을 것입니다. 그런데 그 많은 말 가운데 욥이 기억한 것은 '하나님을 욕하고 죽으라'는 것이었습니다.

욥은 실제로 욕하지 않았습니다. 그러나 가슴 속에 욕하는 마음이 있었기에 그 말이 가슴에 남은 것입니다. 하나님은 바로 그 마음까지도 변화되기를 원하셨던 것입니다.

오랜 기간 동안 세 친구들과 논쟁을 하면서 욥의 순전하지 못함이 드러나게 됩니다. 자기의 공로와 선행으로 하나님 앞에 서려던 욥의 태도는 산산이 무너집니다. 그러므로 내가 스스로 한하고 티끌과 재 가운데서 회개한다는 심정으로 사시는 성도님들이 되기를 축복합니다.

✍ 묵상

관현악의 명 지휘자 토스카니니(A. Toscanini)는 지독한 근시였습니다. 그는 오케스트라의 첼로 연주자로서 근시 때문에 악보조차 제대로 볼 수 없었습니다. 그는 연주를 할 때마다 실수할 것 같은 불안감을 떨칠 수 없어서, 고민 끝에 취한 방법은 악보를 외우는 것이었습니다.

그러던 중 그가 속해 있던 오케스트라의 지휘자가 갑자기 무대에 서지 못하는 일이 벌어졌을 때 유일하게 악보를 외고 있던 그가 지휘자의 자리에 서게 되었습니다. 그 음악회를 계기로 토스카니니는 지휘자의 길을 걷게 되었습니다. 그는 자기의 불리한 조건을 딛고 승리한 것입니다. 인생의 긴 여정에서 우리는 많은 어려움에 부딪힙니다. 어쩌면 토스카니니처럼 장애를 느끼는 부분도 있을 것입니다.

♱ 오늘의 기도

고난을 이기게 하시는 하나님, 그리스도인에게도 이런 고난들은 예외일 수 없다는 것을 묵상하며 고난을 이길 수 있는 믿음을 주옵소서.

part 2

신앙 회복으로의 초대

화창한 주일 아침이었습니다. 성도들은 교회 안으로 들어갔습니다. 목사님께서는 성도들의 의무적인 신앙생활에 대해 이런 말씀을 했습니다. 이 교회는 우리가 유아세례를 받은 교회요, 어린 시절을 보낸 교회였습니다. 물론 여전히 우리는 이 교회를 다니면서 그리스도인으로서의 의무를 다하는 중이었습니다. 하지만 우리는 살아계신 하나님을 느끼고 그분을 위해 진정으로 살아가고 있는지, 아니면 의무적으로 교회를 다니고 있지는 않은지 신앙 회복을 위한 시간을 가져봅니다.

chapter 1

생수의 강으로의 초대

일찍이 철학의 시조라고 불리는 고대 그리스 철학자인 탈레스는 만물의 근원을 물이라고 보았습니다. 탈레스는 이 세계의 여러 현상을 만들어 낸 원래의 것이자 근거가 되는 것을 물이라고 생각했던 것입니다. 지구상에는 물이 71퍼센트이고 육지는 29퍼센트라고 합니다.

물은 실로 귀합니다. 바다의 많은 물이 하늘에 올라 구름이 되고 비가 되어 더러는 공기를 씻어주고 떨어지는 빗방울은 시내가 되고 강이 되어 땅위를 깨끗이 소제하여 짠 바다에 다시 들어가 짠 물에 더러운 것들을 소독합니다. 사실 물이 없으면 이 땅에 생명도 없습니다. 이같이 없어서는 살수 없는 생명수, 주께서 주시는 생명의 강으로 독자 여러분을 초대합니다.

생수의 근원

영국의 유명한 학자이며 군인이자 저술가인 토마스 에드워드 로렌스(Thomas Edward Lawrence)에 관한 재미있는 일화입니다.

그는 1919년 파리에서 개최된 평화 회담 때에 아랍 대표들과의 중재 역할을 하는 특별한 임무를 맡았습니다. 그는 아랍 대표들을 위해서 프랑스의 최고급 호텔에 방을 예약해 놓고 그들에게 프랑스의 유명한 명소를 관광시켜 주었습니다.

그들은 관광했던 에펠탑과 루브르 박물관 등의 유명한 명소보다도 호텔의 목욕탕을 훨씬 더 인상적으로 보았습니다. 왜냐하면 물이 아주 귀한 사막지역에서 온 아랍 대표들에게는 조그만 꼭지만 틀면 물이 펑펑 나오는 호텔의 목욕탕이 너무도 신기했던 것입니다. 그래서 그들은 목욕탕을 볼 때마다 "야, 여기 이런 신기한 것이 있었구나!"하며 환호성을 지르며 감탄했습니다.

그런데 그 회담이 끝날 무렵 로렌스에게 그들이 묵고 있던 호텔의 직원이 황급히 찾아왔습니다. "정말 큰일 났습니다. 로렌스 경, 지금 아랍 대표들이 호텔의 목욕탕을 다 뜯고 있습니다. 빨리 와 보십시오." 그래서 달려가 보니 그들이 정말로 정신없이 목욕탕을 뜯고 있는 것이었습니다.

그는 황급히 그들에게 물어보았습니다. "아니 왜 목욕탕은 모두 뜯고 있습니까?" 그러자 아랍 대표들은 "이것을 다 뜯어서 아라비아로 가져가려고 합니다"라고 대답하는 것이 아니겠습니까?

그들의 대답에 당황한 로렌스는 자세한 내용을 차근차근 다시 물었습니다. 그러자 그들의 대답은 정말 황당했습니다. "물이 없는 사막에서 이 목욕탕은 정말 인기가 있을 것입니다. 사람들은 정말 놀랄 겁니다. 사막 한가운데에 이 목욕탕을 놓고 수도꼭지만 틀면 물이 펑펑 쏟아질 테니까요."

속사정을 들은 로렌스가 아랍 대표들에게 목욕탕에 물을 공급해 주는 수도관이 따로 연결되어 있다는 사실을 땀을 뻘뻘 흘리면서 겨우 설명했답니다.

사람들은 아랍 대표들과 같이 수도꼭지만을 가지고 복된 삶을 살고자 합니다. 그러나 물이 쏟아지기 위해서는 물을 공급해 주는 수도관이 있어야 하고, 수원지에서 물이 공급되어야 합니다.

은혜는 오직 하나님만이 주실 수 있습니다. 하나님은 은혜의 수원지이고 성령님은 그 통로가 되어 주시고 우리는 믿음으로 우리를 위하여 예비 된 하나님의 풍성한 은혜를 누릴 수 있는 것입니다.

영혼의 생수

우리나라에서는 어디를 가든지 물을 만날 수 있습니다. 그렇기 때문에 사람들이 인정하려고 하지 않지만 우리나라는 1995년에 유엔으로부터 '물 부족 국가'로 분류되었습니다. 얼마 있으면 '물 기근 국가'가 될 수도 있다고 합니다. 그런데도 많은 사람들이 물 부족의 심각성을 느끼지 못하고 물을 물 쓰듯 하고 있습니다.

이 세상에 물이 넘쳐나는 것 같아도 먹을 수 있는 담수는 1퍼센트에 불과합니다. 이 지구상에 존재하는 인간들과 땅의 생물들은 이 1퍼센트의 물에 의존하여 살아가고 있습니다. 1퍼센트의 물마저 공해로 인하여 오염이 되어가고 있습니다. 흐르는 물 뿐만 아니라 지하수까지 오염되고 있습니다. 이제는 어떤 물도 안심하고 마실 수가 없습니다.

날로 오염이 심각해지는 상황에서 우리는 생수의 중요성을 실감하고 있습니다. 살아있는 좋은 물, 생수가 필요합니다. 우리 몸에 물이 부족하면 관절염, 간의 독성화, 혈전과 염증, 신장결석, 폐부종, 심부전을 일으킵니다.

체내에 수분이 1.2퍼센트 정도 탈수가 되면 고통을 느끼고, 5퍼센트 정도 손실되면 혼수상태에 빠집니다. 그리고 약 10퍼센트 이상 탈수가 되면 생명에 심각한 위험을 줍니다.

우리 영혼도 마찬가지입니다. 우리 영혼에 신령한 물이 공급되지 않으면 마음이 말라비틀어지면서 여러 가지 현상들이 나타납니다. 툭하면 화를 냅니다. 근심 걱정에 편할 날이 없습니다. 죄와 두려움에 떨게 됩니다. 하나님은 우리가 이렇게 사는 것을 원하지 않습니다. 하나님은 우리의 영혼에 활기를 불어넣을 수 있는 생수를 공급해 주시기 원하십니다.

목이 마르면 어떻게 합니까? 꿀꺽꿀꺽 물을 들이킵니다. 영혼의 갈증도 그렇게 해결해야 합니다. 잔뜩 들이켜서 마음에 흘러넘치게 해야 합니다. 그러면 어디서, 어떻게 우리 영혼에 활력을 공급하는 생수를 얻을 수 있을까요?

홍수가 나면 물은 넘치지만 정작 마실 물이 없게 됩니다. 오늘날 온갖 이단들이 종교라는 딱지가 붙은 물병을 주며, 이단 교주들은 자기에게로 와서 생수를 마시라고 유혹하고 있지만 그 물은 생명을 주는 물이 아니라 영혼을 병들게 하는 물입니다.

예수님은 사마리아에 여자에게 자신을 가리켜 생수라고 했습니다(요 4:17). 우리는 목마를 때 사마리아 여인처럼 세상 것으로 영혼의 목마름을 채우려 하지 말고 예수님 앞으로 나와야 합니다. 세상 부귀영화, 명예, 권세, 쾌락은 잠시 갈급함을 진정시켜 주지만 만족을 주지는 못합니다.

뭔가 열심히 활동하면 어느 정도 갈증은 감출 수 있겠지만 갈급함을 잠재울 수 없습니다. 다시 목말라집니다. 갈급함을 해결할 수 있는 유일한 해결책은 생수이신 예수님이십니다.

영혼의 생수가 필요합니다

로마의 20대 황제 셉티미우스 세베투스는 211년 아들 카라칼라와 게타를 비롯한 가족과 측근들이 지켜보는 가운데 마지막 숨을 가쁘게 몰아쉬며 이렇게 말했습니다. "나는 모든 것을 이루었다. 원로원 의원도 했고, 변호사도 했다. 집정관도 했고, 대대장도 했다. 장군도 했다. 그리고 황제도 했다. 국가요직은 모두 거쳤고, 임무를 충실히 해냈다고 자부한다. 그러나 이제 와서 생각해보니, 그 모든 것이 다 헛된 것 같구나."

솔로몬 왕도 인간이 부릴 수 있는 부귀영화를 다 누려본 왕이었습니다. 솔로몬은 아버지 다윗을 능가하는 멋지고 대단한 인생을 살아보려고 온갖 사업을 벌였습니다. 7년 동안 성전을 짓고 이어서 13년 동안 호화로운 궁전을 짓고, 많은 노비들을 거느리고, 금은보화를 쌓고, 처첩을 많이 두고, 자기가 하고 싶은 모든 일을 다 했습니다.

그런데 솔로몬은 말년에 전도서를 통해 인생의 허무를 교훈합니다. 전도서는 모든 것이 헛되다는 고백으로 시작됩니다. "전도자가 이르되 헛되고 헛되며 헛되고 헛되니 모든 것이 헛되도다"(전 1:2). "내가 해 아래에서 행하는 모든 일을 보았노라 보라 모두 다 헛되어 바람을 잡으려는 것이로다"(전 1:14).

세베투스와 솔로몬, 이 두 사람 사이에는 1100여년 정도의 시간이 가로놓여 있습니다. 그러나 그들이 인생을 마지막으로 정리하며 내린 결론은 똑같습니다. 그 결론을 한마디로 말하면 우리 영혼과 마음에는 이 세상 것으로는 만족할 수 없는 신비한 그 무엇인가가 있다는 것입니다. 이 세상 것으로 만족할 수 없는 인간의 그 속성은 세월이 흐른다고 해서 변하는 것이 아닙니다. 옛날이나 지금이나 똑 같습니다.

사람들은 건강을 위해 좋은 물을 찾습니다. 하지만 영혼을 위해서 무슨 물을 마셔야 할지, 또 어디에 가서 영혼의 생수를 구해야 할지 모르고 있습니다. 그래서 예수님은 말씀하십니다. "누구든지 목마르거든 내게로 와서 마시라 나를 믿는 자는 성경에 이름과 같이 그 배에서 생수의 강이 흘러나오리라"(요 7:37-38).

태양이 작열하는 한 여름에 목이 마르면 어떻게 합니까? 꿀꺽꿀꺽 물을 들이키지 않습니까? 우리 영혼의 갈증도 그렇게 해결해야 합니다. 잔뜩 들이켜서 마음에 흘러넘치게 해야 합니다. 기독교 초기 신학자였던 터툴리안은 "우리는 물고기와 같다. 물고기는 언제나 물속에 있어야 살 수 있으며 활동도 가능하다. 예수 그리스도는 물이다. 그 안에 생명이 있다"고 말했습니다. 물을 떠난 고기가 살 수 없는 것처럼 우리는 예수님을 떠나서는 살 수 없습니다.

혹시 삶에 갈증을 느끼고 있습니까? 내면에 목마름이 있습니까? 이 세상 것으로는 참된 만족을 누릴 수 없습니다. 영혼의 생수를 마셔야 합니다. 우리에게 영혼의 생수를 줄 수 있는 사람은 없습니다. 오직 예수님에게서 영혼의 생수를 공급받아야 합니다.

유대인을 지킨 안식일

유대 사람들에게 전해오는 웃기는 이야기가 있습니다.

주전 170년에 있었던 사건은 유대 역사에도 유명한 사건입니다. 헬라의 통치자 안티오쿠스 에피파네스가 온 세계를 점령하고, 온 세계를 전부 헬라 문화로 문화적으로도 점령하려고 했습니다. 모든 사람을 헬라문화로 들어오게 이렇게 정치를 세웠을 때, 유대 사람만은 예외입니다. 끝내 고집스럽게 자기 문화를 지키겠다고 했습니다.

이래서 안티오쿠스 에피파네스가 아주 지혜롭게 유대 사람을 헬라문화로 끌어들이기 위해서 두 가지 정책을 실시했습니다. 하나는 유대사람들의 율법에서 금하고 있는 돼지고기를 갖다 놓고, 이것을 먹는 자는 살려 주고 이것을 거절하는 사람은 죽이는 것이었습니다. 유대인들은 절대로 돼지고기를 먹지 않습니다. 그래서 돼지고기를 먹지 않겠다고 거절하다가 상당히 많은 사람들이 죽었습니다.

또 하나는 예루살렘 성전 마당에다가 제우스신의 신상을 세워놓고, 이것을 섬기라 하고 안식일을 지키지 못하게 하는 것이었습니다. 안식일을 지키는 자는 죽이고 안식일을 거부하는 자는 살려 주겠다고 했습니다. 이로 인해 유대인들은 안식일을 지키며 율법대로 살기 위해서 많은 사람이 산중으로 도망을 갔습니다. 깊은 산 속에 도망가서 거기서 안식일을 지키며 살려고 했습니다.

그런데 안티오쿠스는 아주 교활한 사람이었습니다. 유대인들이 안식일을 지키는 것을 알고 안식일 날 쳐들어갔습니다. 유대 사람들은 대항하지 않을 뿐만 아니라, 안식일이기 때문에 도망가지도 않았습니다. 다 붙들려서 죽임을 당했습니다. 유대인들은 목숨을 걸고 안식일을 지켰습니다.

몇 가지 예를 들면, 씨 뿌리는 일, 수확하는 일, 곡식단을 묶는 일, 타작하는 일, 키질하는 일, 곡식 고르는 일, 맷돌질하는 일, 또 반죽을 하는 일, 빵을 만드는 일, 양털을 깎는 일, 혹은 끈을 매는 일, 혹은 바느질하는 일, 하지 말라는 것입니다.

바느질하다가 실수해서 옷에 바늘 하나가 꽂혀 있었습니다. 이것을 모르고 길을 걷게 되면 바늘을 운반했기 때문에 안식일을 범한 것이 된다는 것입니다. 이런 식의 이야기들이 많습니다.

불을 켰느냐 끄지 마라. 꺼진 불은 안식일에 켜지 마라. 옷고름을 맸으면 풀지 마라. 풀어놓은 옷고름은 매지 마라. 유대인들은 이렇게 복잡한 규정들을 만들고 안식일을 엄하게 지켰습니다.

아무리 바빠도, 아무리 피곤해도 반드시 주일을 거룩하게 지키십시오. 그러면 주일이 여러분을 지켜 줄 것입니다.

홍수의 유익

장마철이 되면 많은 비가 내립니다. 우리는 해마다 여름철 장마나 홍수 때에 물의 무서운 힘을 실감하고 있습니다. 물은 평상시 자연에 순응하면서 조용히 흘러가지만 폭우가 내리면 골짜기의 물은 용트림하면서 바위를 부수고 산을 넘어뜨립니다.

이곳저곳에서 홍수 피해가 많았지만 다행히 도시에서는 별 피해가 없었습니다. 비가 그치자 세상이 너무나도 맑고 깨끗해 보였습니다. 하늘은 눈이 부시도록 푸르고, 나뭇잎은 먼지 하나 없이 정결해졌습니다.

깊은 산의 계곡이 있는 지역은 청정지역이라고 할 수 있습니다. 그런데 TV를 통해 소개가 되면 사람들이 즐겨 찾는 명소가 되고 사람들이 몰려옵니다. 그 다음부터는 쓰레기로 몸살을 앓습니다.

인간은 흙으로 지음을 받았습니다. 즉 인간은 자연의 일부입니다. 땅이 오염되고, 물이 오염되어 자연이 병들면 곧바로 사람에게 그 영향이 미치게 됩니다. 아름다운 산하에 계곡이 있는 지역이 이번 여름 오염이 된 모습을 보면서 내 몸이 더럽혀지고 상한 것처럼 마음이 아픕니다.

그런데 홍수로 그 더럽혀진 자연이 다시 깨끗한 모습을 회복하게 되었습니다. 사람이 일일이 구석구석 다니면서 물로 오물을 씻고 청소한다고 생각해 보십시오. 그 넓은 곳을 어떻게 무슨 방법으로 청소할 수 있겠습니까?

그런데 폭우가 깨끗이 씻어 내리고 말끔히 청소를 해 주었습니다. 사람들은 홍수로 인한 피해만을 생각하지만 한편으로 이처럼 홍수의 유익도 있는 것입니다. 하나님은 때때로 사람이 할 수 없는 일들을 자연을 통해 간단히 해결해 주십니다. 홍수를 통해서 오염된 자연을 정화시키시고, 태풍을 통해 바다의 적조 현상을 사라지게 하십니다.

고대 그리스 역사학자인 헤로도투스는 '이집트는 나일 강의 선물'이라는 말을 남겼습니다. 이집트가 어떻게 나일 강의 선물일까요? 바로 홍수 때문입니다. 매년 여름 홍수가 날 때마다 나일 강 하류에 비옥한 토사가 쌓여 농사에 유익을 주었던 것입니다. 하지만 이집트 사람들은 홍수를 재앙으로 생각했고, 홍수를 막기 위해 나일 강 상류에 댐을 건설했습니다. 그 결과 홍수는 사라졌지만 옥토도 사라지고 말았습니다.

우리 삶에도 감당할 수 없는 고난이 폭우처럼 쏟아질 수 있고, 우리가 누리던 것들이 홍수에 휩쓸려 갈 수도 있습니다. 삶 가운데 종종 홍수가 일어나는 이유가 무엇입니까? 우리를 깨끗하게 하시고 우리의 심령을 옥토로 만드시기 위함입니다.

책을 읽으면서 행간(行間)을 볼 수 있어야 하는 것처럼 우리는 자연의 현상들 배후에 있는 하나님의 섭리를 볼 수 있어야 합니다. 그러면 재난까지도 감사의 조건이 되고, 우리는 범사에 감사할 수 있게 되는 것입니다.

시편 기자는 "고난당하는 것이 내게 유익이라"(시 119:71)고 고백했습니다. 우리도 믿음의 눈으로 하나님의 섭리를 헤아릴 수 있다면 우리에게 다가온 고난의 홍수도 내게 유익이라고 고백할 수 있을 것입니다.

땅의 사람, 하늘의 사람

세상은 숫자에 관심이 많습니다. 모든 것을 숫자로 판단합니다. 그런데 오늘날 교회도 역시 숫자에 관심이 많습니다. 목회자들도 만나면 "교회 건물이 몇 평이냐, 성도들이 얼마나 모이느냐, 헌금은 얼마나 나오느냐" 등의 질문을 통해 상대를 파악하려 합니다.

요즘 '작은 교회 살리기'라는 용어가 일반적으로 사용되고 있습니다. 미자립 개척교회들을 돕고자 하는 의도는 좋지만 관점에 문제가 있습니다. 작은 교회를 살린다는 말은 작은 교회가 죽어 있음을 전제로 하는 것입니다.

은연중에 작은 교회를 죽은 교회로 취급하고 있는 것입니다. 최소한 100명, 200명이라도 모여야 살아있는 교회로 인정하고 그 이하의 교회는 죽은 교회로 취급하여 살려야 한다고 생각하는 것입니다. 과연 사람이 적게 모이면 죽은 교회이고, 많이 모이면 산 교회일까요?

교회는 숫자에서 자유로워야 합니다. 하나님이 교회를 평가하는 기준은 요한계시록 2-3장의 일곱 교회에 보낸 편지에서 찾아볼 수 있는데, 사람들 숫자나, 헌금 액수나, 건물에 대한 언급은 전혀 없습니다. 가난하고 작은 능력을 가졌어도 충성하고 믿음을 지킨 교회들이 칭찬을 받았습니다.

오히려 부자 교회를 향하여 경고하고 있습니다. "나는 부자라 부요하여 부족한 것이 없다 하나 네 곤고한 것과 가련한 것과 가난한 것과 눈먼 것과 벌거벗은 것을 알지 못하는 도다"(계 3:17).

성도들의 관심은 달라야 합니다. 신앙적 최고의 가치는 열매에 있습니다. 하나님은 우리에게 열매를 요구하고 있습니다. 그런데 이 열매는 숫자로 평가될 수 있는 것이 아닌 내적인 성숙, 즉 거룩한 삶에 대한 요구입니다. 우리는 거룩한 삶을 통해 열매 맺는 삶을 살아야 합니다.

성경에서 레위기는 거룩이 무엇인가를 보여주는 책입니다. 죄인인 인간이 거룩하신 하나님 앞에 나아가기 위해서는 제사가 필요한데, 사실 제사라는 것은 희생입니다. 구약 시대에는 인간의 죄를 속량하기 위해서 많은 짐승들이 희생을 당했습니다. 이 희생은 예수 그리스도의 대속적 죽음을 예표하는 것입니다.

우리는 이 땅에 살고 있어도 하늘의 사람입니다. 우리의 시민권은 하늘나라에 있습니다. 하늘의 사람은 추구하는 것과 사는 방법이 달라야 합니다. 땅에 것을 바라보고, 땅에 것에 관심을 두고, 땅에 것이 목표인 사람은 땅의 사람이고, 하나님의 나라를 바라보고 걸어가는 사람은 하늘의 사람입니다.

믿음을 가지고 있다고 해도 땅에 것에 관심이 많은 사람은 하늘의 사람이 아니라 땅의 사람입니다. 하늘의 사람이라면 나보다 다른 사람을 생각할 줄 알아야 하고, 더 많이 가지려 하지 말고 베풀어야 하고, 희생할 줄 알아야 합니다.

하나님의 일

예수님은 오병이어 기적 이후 다시 예수님을 찾아온 사람들에게 "썩는 양식을 위하여 일하지 말고 영생하도록 있는 양식을 위하여 일하라"(요 6:27)고 말씀하셨습니다.

그러자 사람들은 "우리가 무엇을 하여야 하나님의 일을 하는 것이 됩니까? 하나님이 요구하시는 일을 우리가 어떻게 할 수 있습니까?"라고 물었습니다.

사람들의 마음 밑바닥에는 자기가 하나님을 위해서 무엇을 할 수 있다는 의식이 깔려 있습니다. 구원을 받기 위해서 무엇인가를 해야 하며 또 할 수 있다고 생각합니다.

성도들도 처음에는 은혜로 시작하고서는 얼마 지나서 다시 공로 의식에 사로잡힙니다. '내가 뭔가를 해야 한다'는 강박 관념에 의해 자꾸 무엇인가를 해보려고 합니다.

어떤 점에서 일이란 사람들의 우상이 될 수도 있습니다. 또 한 보람되고 선한 일을 한 것이 자기 자신을 추켜세우도록 만드는 유혹거리가 되기도 하고, 남들이 좀처럼 하지 못하는 독특한 일을 하면 그것이 자기 의를 드러내는 공로가 되기도 합니다.

우리는 교회를 신축하고 이전을 한 후 혼란의 소용돌이를 지나왔습니다. 뭔가 일을 해야 한다는 의욕들이 앞서 분주함 속에서 평안을 잃어버렸고 시행착오를 겪으며 혼란을 느꼈습니다.

이제 우리는 은혜의 자리로 돌아가야 합니다. 예배 시간과 프로그램들을 재정리하고 그동안 그래왔던 것처럼 경쟁심이나 조바심을 버리고 조용히 주를 바라보며 하나님의 인도하심을 기다릴 수 있어야 합니다.

기도보다, 성령보다 앞서서 인간적인 열심히 일하다보면 다툼과 분열을 가져옵니다. 하나님이 원하시는 것은 우리가 뭔가 많은 일을 하는 것이 아니라 진실로 예수님을 믿는 것입니다. 그것이 곧 하나님의 일입니다(요 6:29). 우리는 은혜 안에서 하나님이 허락하시는 일을 해야 합니다.

인생의 봄

혹한의 겨울이 지나고 봄기운에 대지가 꿈틀거리고 있습니다. 칼날과 같던 바람이 이제는 시원하게 느껴집니다. 얼마 안 되어 이곳저곳에 파릇한 새싹이 돋아 오르고 벌거벗고 있던 나무들이 새 옷을 입게 될 것이고 아름다운 꽃들이 만발하게 될 것입니다. 농부들은 풍성한 열매를 기대하면서 희망의 씨앗을 뿌릴 것입니다.

우리는 봄을 기다리는 마음으로 추운 겨울을 보냈습니다. 이제는 추위가 닥쳐도 움츠러들지 않습니다. 겨울이 물러가고 있기 때문입니다.

미국 발 금융위기로 시작된 이번 겨울은 유난히 추웠던 것 같습니다. 겨울이 아무리 추워도 봄은 기어코 오고야 맙니다. 봄은 겨울이 지난 후에 맞이합니다. 우리 인생도 겨울을 보내고 나면 따뜻한 봄날을 맞이할 수 있는 것입니다.

봄의 소리가 들립니다. 봄은 우리에게 '희망을 가지라'고 말합니다. 펄 벅(Pearl Buck)은 "힘과 용기는 희망으로부터 스며 나온다"고 했습니다. 인간의 삶을 지탱시키는 요소는 희망입니다. 사람은 희망으로 사는 존재입니다.

갑자기 직장을 잃고 다른 직장을 구하지 못한 사람들 중에 노숙자가 되는 예가 종종 있습니다. 집에 찾아오는 빚쟁이들이 싫어서, 혹은 돈을 못 벌고 밥만 먹으려니 식구들 눈치가 보여서 아예 집을 나와 버린 것입니다.

우리가 희망을 가질 수 있는 근거는 무엇입니까? 우리에게는 살아계신 하나님이 계시기 때문입니다. 아이를 낳지 못하여 손가락질을 받으며 인생의 희망을 잃어버렸던 한나는 하나님께 기도하여 사무엘을 얻음으로서 영광스러운 인생을 살게 되었습니다.

한나는 자신이 체험한 하나님을 이렇게 찬양했습니다. "여호와는 죽이기도 하시고 살리기도 하시며 음부에 내리게도 하시고 올리기도 하시는도다 여호와는 가난하게도 하시고 부하게도 하시며 낮추기도 하시고 높이기도 하시는도다 가난한 자를 진토에서 일으키시며 빈핍한 자를 거름더미에서 드사 귀족들과 함께 앉게 하시며 영광의 위를 차지하게 하시는도다"(삼상 2:6-8).

우리가 믿는 하나님은 인생 역전의 하나님이십니다. 아무리 힘들고 어려워도 낙심하거나 절망하지 말아야 합니다. 반드시 인생의 봄은 다가오기 때문입니다. 지저귀는 새소리들이 정겹습니다. 우리도 봄이 오는 소리를 들으며 희망을 노래해야 합니다. 우리는 새 봄을 맞이하면서 희망을 품어야 합니다. 희망만 있다면 얼마든지 견딜 수 있고 참을 수 있습니다.

행복의 파랑새

사람은 누구든지 행복에 목말라 합니다. 보물을 찾듯 많은 사람들이 행복을 찾고 있습니다. 그러나 행복을 찾았다고 말하는 사람은 많지 않습니다. 안타깝게도 많은 사람들이 엉뚱한 곳에서 행복을 찾아 헤매고 있습니다. 어떤 사람은 행복은 이름만 존재할 뿐 사막의 신기루 같은 허상에 불과한 것이라고 생각합니다.

소설가 김동인의 소설 중에 행복을 추구하는 인간의 지극히 비극적인 생애를 그린 작품이 있습니다. "무지개는 행복이다."라는 구절로 시작되는 「무지개」라는 소설입니다.

한 소년이 무지개를 잡으러 먼 길을 떠나게 됩니다. 무지개는 바로 눈앞에 그 찬란한 모습을 나타내며 소년을 유혹했기 때문입니다. 이 소년이 아무리 가도 가도, 무지개는 잡히지 않았습니다. 그러나 소년은 실망하지 않았습니다. 험한 산을 넘고 거센 물을 건넜습니다. 이제 소년도 나이가 들게 되고 드디어 늙었습니다. 그가 무지개인 줄 알고 잡은 것이 돌아서 보면 낡은 기왓장에 불과했습니다.

"아아, 무지개란 기어이 사람의 손으로는 잡지 못하는 것일까?" 마지막에 그가 부르짖은 비통한 절규입니다. 그리고 무지개를 잡으려는 야망을 단념했습니다. "이상하다. 아직껏 검었던 머리는 갑자기 하얗게 되고, 그의 얼굴에는 전면에 수없는 주름살이 잡혔다"는 것이 이 소설의 결말입니다.

행복은 무지개처럼 하늘에 영롱하게 뻗쳐 있는 것이기보다는 우리의 삶 속에서 발견되어져야 할 것으로서 행복을 잡기 위하여 고생스럽게 산을 넘고 골짜기를 건너 달려가야 할 필요가 없다는 뜻입니다.

그러면 행복은 어디에서 찾을 수 있는 것일까요? 맹자는 "길은 가까운데 있다"고 했습니다. 예수님은 "여기 있다 저기 있다고도 못하리니 하나님의 나라는 너희 안에 있느니라."(눅 17:21)라고 했습니다. 행복은 결코 먼 곳에 있지 않습니다. 가까운 곳에서 찾아야 합니다. 하지만 사람들은 이상하게도 행복을 먼 데서 찾으려고 합니다.

희곡작가 메테르 링크의 명작 「파랑새」에 나오는 주인공의 유명한 대사입니다. 두 어린이는 행복의 파랑새를 찾아 멀리까지 돌아다녔습니다. 그러나 끝내 찾지 못하고 실망 끝에 제 집으로 돌아왔습니다. 그런데 행복의 파랑새는 바로 나의 집 처마에서 즐겁게 노래하고 있었던 것입니다.

이 소설은 행복에 관한 귀중한 교훈과 지혜를 우리에게 가르쳐 주고 있습니다. 행복은 가까운데 있습니다. 그런데 사람들은 행복을 큰 궁전에서 찾고, 먼 나라에서 찾고, 높은 지위에서 찾고, 값비싼 보석에서 찾고, 남의 화려한 저택에서 찾으려 합니다.

우리는 행복을 공연히 먼 데서 찾는 어리석은 사람이 되지 않아야 합니다. 우리는 행복을 내 나라에서 찾고, 내 가정에서 찾고, 내 생활에서 찾고, 내 직장과 일터에서 찾고, 내 친구에게서 찾고, 내 마음 속에서 찾아야 합니다.

부자의 일생

유물론 사상을 기초로 한 공산주의는 인간을 물질로 이해합니다. 죽으면 끝이라고 생각합니다. 물론 영혼이 없다면 죽음은 훌륭한 도피처가 될 것입니다. 또한 '종교는 아편'이라고 했던 무신론자의 말이 맞을 것입니다. 그러나 우리 인간은 물질이 아닙니다. 그보다 더 큰 착각은 없는 것입니다.

영혼이 없다고 생각하며 사는 인생, 먹기 위해서 일하고 일하기 위해서 먹다가 늙어 가는 인생이라면 동물과 다를 것이 무엇입니까? 우리 인간은 영혼이 있기에 만물의 영장이요, 만물을 다스리고 지배하며 삽니다. 비록 몸은 땅 위에 살아도 인간은 내일을 보고 살며, 그리고 영원을 사모합니다.

죽음 뒤에는 어떤 세계가 있을까요? 예수님이 들려주신 부자와 거지 나사로의 이야기는 우리에게 지옥과 천국이 실존하고 있음을 가장 분명하고 확실하게 가르쳐 주고 있습니다.

세상에서 호화롭게 살았던 부자는 지옥에 갔습니다. 부자라고 지옥에 가는 것은 아닙니다. 하나님을 믿지 않았기에 지옥에 간 것입니다. 반면에 거지 나사로는 죽어서 천국에 갔습니다. 가난해서 천국에 간 것이 아니고 하나님을 믿었기 때문에 천국에 간 것입니다.

지옥에 간 부자는 심한 갈증을 느꼈습니다. 견딜 수가 없었습니다. 고통을 받았습니다. 그때 문득 고개를 들고 하늘을 보니 아브라함의 품속에 있는 나사로가 보였습니다. 그 나사로는 다름 아닌 자기 집 문 앞에서 구걸하던 거지였습니다.

그는 아브라함에게 "아버지 아브라함이여 나를 긍휼히 여기사 나사로를 보내어 그 손가락 끝에 물을 찍어 내 혀를 서늘하게 하소서 내가 이 불꽃 가운데서 고민 하나이다"(눅 16:24). 얼마나 목이 마르면 손가락 끝에 물 한 방물입니까? 이어서 그는 "나사로를 내 아버지의 집에 보내소서 내 형제 다섯이 있으니 그들에게 증언하게 하여 그들로 이 고통 받는 곳에 오지 않게 하소서"(눅 16:27-28)라고 요청했습니다. 그러나 이 세상에 전도자들이 있다고 거절을 당했습니다.

요즘 사람들은 지옥 이야기하면 협박한다고 화를 내거나 수준 없는 사람으로 무시해 버립니다. 가장 심각하게 들어야 할 설교가 지옥에 관한 설교인데, "지옥"하면 웃기는 말이나 농담으로 들으려는 시대 속에 살고 있습니다. 그러나 천국과 지옥은 실존합니다.

왜 예수님을 전해야 할까요? 가장 중요한 이유는 지옥과 천국이 있기 때문입니다. 지옥과 천국이 없다면 반드시 예수님을 믿으라고 할 필요도 없고 열심히 신앙생활 할 필요도 없습니다. 우리는 지옥으로 떨어지는 영혼을 속히 구원하여 천국으로 인도해야 합니다. 최고의 효도는 부모님을 구원하는 일이고, 최고의 자녀 교육은 자녀들에게 복음을 가르쳐서 하나님의 자녀로 살게 하는 것입니다.

삶의 여유

변덕스런 날씨가 계속되고 있습니다. 우리나라의 전형적인 겨울 날씨인 삼한사온(三寒四溫)은 이제 사라져버렸습니다. 기록적인 폭설과 이어지는 한파로 오지 마을에는 보일러가 터져서 많은 어려움을 겪었습니다.

눈이 내렸다가 비가 내리고, 얼어붙는 등 정신없게 하는 날씨, 신종 풀루로 인한 두려움, 최근 튀르키예(터키)의 지진으로 인한 긴장 등 삶을 위축시키는 요인들은 무수히 많습니다. 위기 대처 능력과 현실 적응력이 부족한 사람은 이러한 때 삶의 여유를 잃어버리기 쉽습니다.

어려울수록 정신을 차리고 삶의 여유를 잃지 말아야 합니다. 노련한 어부는 바람이 불 때 돛을 올려 더 빨리 갑니다. 바람이 불어야 연을 날릴 수 있는 것처럼 세찬 고난의 바람이 불어올 때 우리는 그것을 기회로 삼을 수도 있습니다.

나무는 들판에서 자라는 야생 갈대보다 강해 보입니다. 그러나 강한 폭풍이 불어 닥치면 나무는 그 뿌리가 뽑히지만 야생 갈대는 비록 바람에 흔들리기는 해도 그 뿌리가 뽑히지 않으며 폭풍이 지나가면 다시 일어섭니다.

링글린 브라더즈 서커스단이 뉴욕에서 공연을 할 때 있었던 일입니다. 무대에서 조련사가 호랑이 네 마리로 재주를 보이고 있었는데 갑자기 정전이 되었습니다. 관중들은 조련사가 호랑이의 공격을 받지 않을까 염려하며 숨을 죽이고 있었습니다.

어둠 속에서는 조련사가 바닥에 채찍을 치는 소리만이 들려왔습니다. 그러다가 불이 들어왔습니다. 사람들은 조련사가 어찌 되었는지 궁금했습니다. 그런데 조련사는 네 마리의 호랑이와 함께 흐트러짐 없이 의연하게 서 있었습니다.

공연이 끝나고 사람들은 어떻게 캄캄한 어둠 속에서 호랑이를 제압할 수 있었는지 물었습니다. 그러자 그는 이렇게 말했습니다.

"어둠 속에서도 호랑이는 나를 잘 봅니다. 나는 호랑이를 보지 못하지만 내가 호랑이를 못보고 불안해하고 있다는 것을 눈치 채게 해서는 안 됩니다. 그래서 어둠 속에서도 밝은 빛 가운데 있는 것처럼 행동했습니다."

만사에 때가 있습니다. 일할 때가 있고 쉴 때가 있습니다. 낮아질 때가 있고 높아질 때가 있습니다. 힘들 때가 있으면 편안할 때가 있습니다. 하나님은 우리 삶에 형통함과 곤고함을 번갈아 주시는 분이십니다. 곤고할 때는 조용히 하나님의 뜻을 살피며 때를 기다려야 합니다. 겨울이 지나면 봄이 오고, 밤이 지나면 아침이 옵니다.

우리는 실패했어도, 절망 중에 있을지라도, 정신을 차리고 마음의 여유를 가지고 삶을 살아야 합니다. 우리 삶의 주인은 하나님이시기 때문입니다. 우리의 선한 목자가 되시는 주님께서는 자기의 이름을 위하여 우리를 의의 길로 인도하시고, 사망의 음침한 골짜기를 다닐지라도 함께 하시며 주의 지팡이와 막대기로 우리를 안위해 주십니다.

하나님 앞에서의 삶

사람들은 다양한 모습으로 살고 있습니다. 그런데 에리히 프롬은 인간 삶의 양식을 크게 둘로 구분했습니다. 하나는 소유 양식이고, 또 하나는 존재 양식입니다. 늘 다니는 길가에 꽃이 피었을 때 그 꽃이 아름답다고 꺾어오는 것은 소유 양식이고, 그대로 두고 감상하는 것은 존재 양식입니다.

오늘날 현대인들은 거의 대부분의 사람들이 소유 양식으로 살아가고 있습니다. 무엇이든 내 것으로 만들고 싶어 합니다. 경쟁과 싸움은 불가피합니다. 그렇기 때문에 무소유의 삶이 빛이 나는 시대입니다. 최근 무소유의 삶을 실천한 법정이 세상을 떠나자 사람들은 그를 기리며 존경심을 나타내고 있습니다.

새삼 '사람이 떠나갈 때는 뒷모습이 아름다워야 한다'는 말을 생각하게 됩니다. 뒷모습에는 삶의 이면이 배어 있습니다. 앞은 겉모습이요 뒤는 참모습입니다. 뒷모습이 아름다우려면 머물다 간 자리도 깨끗하고 아름다워야 합니다. 우리는 늘 웰다잉을 생각하며 살아야 합니다. 이 세상에 내 것이란 없습니다. 착각하면 안 됩니다. 이 세상에 사는 동안 잠시 내가 누리다가 떠날 때 다 놓고 가는 것입니다. 이 사실만 알아도 우리는 인생을 달관해서 살 수 있는 것입니다.

내 것이 아니라는 것을 아는 것만도 대단하지만 여기서 끝나서는 안 됩니다. 한걸음 더 나아가 누가 주인인지를 알아야 합니다. 누가 주인일까요? 하나님이십니다. 하나님은 천지 만물의 창조자요 주인이십니다. 하나님은 "은도 내 것이요 금도 내 것이라"(학 2:8)고 말씀하십니다. 우리는 하나님의 것을 맡은 관리자요 종입니다.

그런데 요즘 사람들은 무엇을 얼마나 소유했느냐에 따라서 인생의 성공과 실패를 저울질하고, 그 사람의 능력을 평가 하려고 합니다. 이 것은 하나님 없이 사는 사람들의 가치관이고 판단일 뿐입니다.

우리 성도들에게 있어서 중요한 것은 소유의 많고 적음이 아니고 우리가 하나님 앞에서 어떤 존재로 살아가고 있느냐 하는 것입니다. 오늘날 한국교회는 사회로부터 많은 비판을 받고 있습니다. 지역에 교회가 들어오려 하면 주민들이 반대하고, 축구 선수들의 골 세레모니까지 눈의 가시처럼 여기는 상황입니다.

최대 경쟁을 하면서 자기 몸집만 키우는 교회가 되어서는 안 됩니다. 교회가 사람들에게 존경을 받고 영향력을 나타내려면 이웃을 위해, 그리고 사회와 국가를 위해 더 희생하고 헌신해야 합니다. 기꺼이 나누며 사회에 환원할 수 있어야 합니다. 우리는 나그네로, 외국인으로 살아야 합니다. 욕심 부리지 말고 영원한 하늘나라를 바라보며 살아야 합니다.

오늘을 사는 지혜

가을이 깊어지면서 가을을 타는 사람들을 많이 만나게 됩니다. 가을은 사람의 마음을 감상적으로 만듭니다. 어디론가 훌쩍 떠나고 싶어지고, 낙엽이 쓸려가는 벤치에 앉아서 지나온 날들을 돌아보고 추억에 잠기기도 합니다.

과거를 자주 돌아보는 것은 나이 든 사람의 특성입니다. 그렇지만 우리는 과거로 돌아갈 수 없습니다. 앞만 보고 나아가야 합니다. 자꾸 과거를 자랑하지 마십시오. 옛날이야기 밖에 가진 것이 없을 때 처량해집니다. 젊은 사람과 경쟁하지 마십시오. 대신 그들의 성장을 인정하고 그들에게 용기를 주고 그들과 함께 즐기십시오. 부탁받지 않은 충고는 굳이 하려고 하지 마십시오. 늙은이의 기우와 잔소리로 오해 받습니다.

과거에 집착하는 것은 불신앙의 소치입니다. 출애굽한 이스라엘 백성들은 어려움을 만날 때마다 하나님을 믿지 못하고 애굽으로 돌아가자고 했습니다. 믿음은 하나님께서 어제도 함께 하셨고, 오늘도 함께 하시고 내일도 함께 하실 것을 믿는 것입니다.

바울은 우리에게 오늘을 사는 지혜를 가르쳐 주고 있습니다. "내가 은혜 베풀 때에 너에게 듣고 구원의 날에 너를 도왔다 하셨으니 보라 지금은 은혜 받을 만한 때요 보라 지금은 구원의 날이로다"(고후 6:2)라고 말씀하고 있습니다.

바울이 '보라'고 감격스럽게 외치면서 지금의 은혜와 지금의 구원을 말하는 것은 지금 자신이 하나님의 은혜 속에 머물러 있고, 하나님의 구원을 누리고 있다는 것입니다.

하나님의 때는 형통할 때도 다가오지만 곤고할 때에도 다가옵니다. 우리가 무시하고 넘어가기 쉬운 것이 곤고할 때인데 그때도 좋은 기회일 수 있음을 알아야 합니다.

바울이 유럽의 첫 성 빌립보에 갔을 때 억울하게 매를 맞고 감옥에 간 것도 역시 기회였습니다. 그로 인해 빌립보 교회가 탄생했습니다. 바울이 로마 옥에 갇히게 된 것도 역시 시위대 안팎의 사람들에게 복음을 전하는 기회였습니다.

실수나 실패도 얼마든지 좋은 기회가 될 수 있습니다. 1950년 미국 사업가 프랭크 맥나마라라는 사람이 주요 고객들을 초청하여 뉴욕에 있는 큰 음식점에서 파티를 열었습니다. 만찬이 종료되고 계산하려고 하려는데 지갑을 가져오지 않았음을 알게 되었습니다.

그래서 망신을 톡톡히 당하고 생각하기를 선 결재 후 지불방법이 없을까 하고 연구하다 고안해 낸 것이 세계 최초의 신용카드인 다이너스 카드입니다. 포스트잇이나 아이보리 비누도 실수를 기회로 삼은 것입니다. 성공한 사람들은 실패와 실수를 인생의 기회로 삼습니다.

하나님은 종종 우리에게 마음의 감동을 통해 어떤 일들을 이루고자 하실 때가 있습니다. 하나님이 주시는 감동에 민감한 영성이 필요합니다.

버림받은 자

하나님은 우리의 삶을 인도하시고 간섭하십니다. 그러나 자유의지를 가진 인간이 이를 거부하면 하나님께서는 내버려 두십니다. 바울은 로마서 1장에서 하나님께서 내버려두신 여러 부류의 사람들에 대해 언급하고 있습니다. 하나님께서 내버려 두셨다는 것은 더 이상 희망이 없기 때문에 버리셨다는 뜻입니다.

하나님은 절대 주권자이십니다. 하나님은 자신의 뜻대로 시행하시는 분이십니다. 그러므로 하나님의 교회는 하나님의 뜻 안에서 움직여져야 합니다. 주의 일은 결코 내 맘대로 할 수 있는 것이 아닙니다. 주가 되시는 하나님의 뜻에 따라야 합니다.

사도 바울은 하나님께 대한 절대 순종하며 산다는 뜻으로 자신을 소개할 때 그리스도의 종이라고 표현했습니다. 요즘은 '주의 종'이 목회자를 지칭하는, 자랑스럽고 영광스러운 호칭으로 사용되고 있습니다. 웃기는 말은 '주의 종님'이라는 말입니다. 올바른 표현이 아닙니다. 바울이 자신을 종이라고 말할 때는 오늘날 사람들이 주의 종이라고 말하는 그런 의미가 아니었습니다.

그러면 진정한 종의 의미는 무엇일까요? 바울 시대에는 한번 노예로 낙인이 찍히면 평생토록 주인의 뜻에 따라 절대 순종해야 했습니다. 종은 자기 마음대로 하지 못합니다. 주인의 뜻이 자신의 뜻이고, 주인의 삶이 자기의 삶이고, 주인의 목적이 자신의 목적이 되는 것입니다.

종은 오직 주인을 기쁘게 해드리는 의무만 있지 자신의 뜻도 삶도 목적도 없는 존재입니다. 성도라면 누구나 주의 종이 되어야 하는데, 적어도 우리가 종이라는 말을 들으려면 주를 위해 자신을 포기할 수 있어야 합니다.

그러므로 바울은 죄의 종으로 살지 않고 그리스도의 종으로 살고자 했던 것입니다. 그는 주의 은혜가 감사하여 살아도 주를 위해 살고, 죽어도 주를 위해 죽고자 했습니다. '오직 하나님의 영광을 위하여' 라는 삶의 목표를 가지고 살았습니다. 이것이 진정한 종의 모습입니다.

하나님의 뜻은 우리가 구원받은 성도답게 사는 것입니다. 예수 그리스도의 본을 받아 낮아져서 섬기고 봉사하며, 욕심을 비우고, 가진 것을 나누며 살아야 합니다. 손해를 볼지언정 하나님의 말씀에 어긋나는 일을 해서는 안 됩니다.

하나님은 각 사람에게 각각의 말씀을 주십니다. 그러므로 남의 은혜를 부러워하지 말고 나에게 주어진 은혜로 만족할 줄 알아야 합니다. 남의 것을 흉내 내지 말아야 합니다. 나에게 주어진 은혜를 가지고 나답게 살아야 합니다.

세상 사람과 똑같이 혈과 육을 좇아 세상 욕심을 따라 사는데도 불구하고 여전히 잘 되고 형통하다면 그것이 과연 하나님께서 주신 것인지 점검해 보아야 합니다. 혹시 하나님께서 내버려 두신 것은 아닌지 의심해 보아야 합니다.

세상의 법, 하나님의 법

기독교인은 땅에서 사는 사람이지만, 하나님의 백성으로 삽니다. 이 세상의 사람이지만 하나님의 나라의 법을 따라 살아가는 사람입니다. 그래서 이런 가치관의 혼란 속에서 갈등도 있고 방황도 있습니다. 하늘과 땅 사이에서 방황합니다. 하나님 나라의 가치와 질서보다 세상의 가치 질서를 따라 사느라 바쁩니다. 세상의 유행과 풍조를 좇아 이리저리 방황합니다. 왜 그렇습니까? 아직 진리에 익숙하지 못해서입니다. 아직 복음에 익숙하지 못해서입니다.

세상 법은 범죄가 늘어남과 함께 점점 늘어나서 보통 사람들은 어떤 법이 있는지도 모릅니다. 법 조항은 점점 더 늘어날 것입니다. 그러나 하나님의 법은 단순합니다. 예수님은 율법을 하나님 사랑과 이웃 사랑으로 요약하셨습니다. 하나님의 법은 사랑의 법이고, 은혜의 법입니다. 하나님의 법에는 자비와 긍휼이 있습니다. 사람을 죽이려는 것이 아니라 살리려는 것입니다.

인간의 존엄성과 정의 평등 사랑의 정신을 담고 있는 법은 우리가 반드시 지켜야 할 규범인 동시에 사회를 유지하는 최소한의 제어장치임에 틀림없습니다. 그러나 그리스도인들은 사회적 범죄나 악은 국가의 기능에 맡기고 우리는 개인적인 차원에서 보복하거나 대적하지 않는 것입니다.

세계적으로 유명한 신학자이면서 설교가인 미국의 아이언사이드(Ironside) 박사가 교회에서 회의를 진행하고 있었을 때였습니다. 갑자기 청년 한 사람이 손을 들더니 큰 소리로 외쳤습니다. "법대로 합시다!" 이 말을 들은 아이언사이드 박사는 이야기했습니다.

"여보게 젊은이, 법대로 하기를 원하는가? 만약 하나님께서 법대로 자네를 다루셨다면 자네는 어떻게 될 것 같은가? 자네는 지옥에 가야 마땅한 것일세."

우리는 법보다 더 위대한 원리에 의해서 사는 사람들입니다. 그것은 은혜의 원리입니다. '주께서 나를 다루신 것처럼 나도 다른 사람을 대하겠다'는 그것이 바로 그리스도인의 인간관계를 지배하는 은혜의 원리입니다. 하나님의 백성답게 은혜의 법으로 삽시다.

하나님의 관점

사람들은 음식을 먹으면서 '맛있다', 또는 '맛없다'라고 평가합니다. 그러나 이 말의 정확한 의미는 '내 입맛에 맞는다', 또는 '내 입맛에 맞지 않는다'입니다. 중국에 가면 우리가 먹지 못하는 음식을 그곳 사람들은 맛있게 잘 먹습니다. 반대로 중국 사람들이 우리나라에 와서는 우리가 맛있게 먹는 음식을 먹지 못하는 경우도 있습니다.

음식에는 각각 제 맛이 있습니다. 맛없는 음식은 없습니다. 단지 그 맛이 내 입맛에 맞지 않을 뿐입니다. 그런데 우리는 종종 나 중심으로 모든 것을 평가하고 판단합니다. 인간관계에 있어서도 내 기준에 맞춰서 내 성격과 생각과 맞으면 좋은 사람이고, 그렇지 않으면 안 좋은 사람으로 평가합니다.

사람들은 누구나 행복한 삶을 원합니다. 행복을 위해 열심히 공부하고, 열심히 돈을 법니다. 그런데 실제로 사람의 행복과 불행은 얼마나 많이 가졌느냐, 또는 어마나 많이 배웠느냐가 아니라 이 세상을 어떻게 보느냐에 달려 있습니다.

사람들은 종종 "못 봐 주겠다", "꼴 보기 싫다", "눈 꼴 사납다"라는 말을 합니다. 이런 말을 하는 사람치고 행복한 마음으로 사는 사람은 없습니다. 그러나 이 세상을 바라보면서 '아름답다', '멋있다', '놀랍다'라고 말하는 사람들의 마음은 행복한 것입니다.

내가 행복한 사람인지 불행한 사람인지는 내가 이 세상을 어떤 눈으로 바라보고 있는지 생각해 보면 알 수 있습니다. 이 세상을 살만한 세상으로 보는 사람은 행복하고, 이 세상을 보기 싫어하는 사람은 불행한 것입니다.

하나님께서는 창조하실 때 모든 것을 각기 종류대로 각각 다르게 창조하셨습니다. 피조 세계를 살펴보면 하나님께서는 다양함을 좋아하시는 분이심을 알 수 있습니다. 심지어 눈송이의 결정체의 모양 하나하나도 같은 것이 없습니다.

어떤 사람은 상상력, 기억력이 뛰어 납니다. 또 어떤 사람은 예술성이 뛰어나 노래나 율동을 잘하고, 그림을 잘 그리고, 악기를 잘 다룹니다. 영적으로도 어떤 사람은 기도를 잘하고, 어떤 사람은 전도를 잘하고, 어떤 사람은 봉사를 잘합니다.

하나님께서 천지 창조를 다 마치시고 '보시기에 심히 좋았더라'고 하신 이유는 이 세상 모든 것들이 다양하면서도 서로 조화를 이루기 때문이었습니다. 산은 높은 봉우리와 낮은 봉우리가 있어야 아름다운 산이 되는 것입니다. 꽃밭에도 흰 꽃, 붉은 꽃, 노란 꽃 등 여러 가지 꽃이 있어야 아름다운 동산이 되는 것입니다. 이 세상이 아름다운 것은 다양하면서도 조화가 있기 때문입니다.

마찬가지로 우리 인간 세상도 조화가 필요합니다. 우리는 그동안 단일 민족으로 살아왔습니다. 이제 다문화 사회로 변화하고 있습니다. 다양성을 인정하고 받아들이며 조화를 이룰 수 있는 성숙함이 필요합니다.

노시보, 플라시보 효과

'생각이 바뀌면 세상이 변한다.' 이는 하버드대 연구소에서 뉴스위크에 발표한 '20세기 최고의 발견'이라는 제하의 논문 요지입니다. 인식의 전환, 즉 생각의 변화의 중요성을 역설하며, 인류사의 발전과 변화는 본질적으로 생각의 변화에 있다는 것을 밝힌 것입니다.

우리는 인생을 살면서 때로는 힘든 일도 만나고 때로는 좋은 일도 만나고 다양한 상황을 만나게 됩니다. 그 때 마음을 어떻게 먹느냐에 따라 상황과 결과가 달라집니다. 내가 잘 될 것이라고 생각하면 정말 잘 되고, 내가 안 될 것이라고 생각하면 정말 잘 안 되는 일이 일어납니다. 그래서 '마음먹기에 달렸다'는 말을 합니다.

의학에서는 환자의 심리 상태에 따라 완치 여부가 결정된다는 '노시보 효과(nocebo effect)'와 '플라시보 효과(placebo effect)'를 말하고 있습니다. 노시보 효과는 아무리 좋은 약을 먹더라도 환자가 그 효과를 의심한다면 치료되지 않는 것을 말합니다. 반면에 플라시보 효과는 약을 주지 않더라도 환자가 낫겠다는 의지만 있다면 완치될 수 있다는 뜻입니다. 의학 데이터베이스에는 플라시보 효과에 관한 14만 8천편의 논문이 있고, 노시보 효과에 관한 논문도 148편이 있습니다.

어느 대뇌학자는 뇌세포의 98퍼센트가 말의 지배를 받는다고 발표한

적이 있습니다. 프랑스의 유명한 약사이자 최면술의 대가였던 에밀 쿠에는 환자들에게 "나는 매일 모든 면에서 점점 나아지고 있다"라는 말을 반복해서 말하도록 했습니다.

우리는 믿음 안에서 이 원리를 긍정적으로 사용해야 합니다. 환자를 만나서도 "얼굴이 좋아졌네", "곧 퇴원할 수 있을 것 같군"이라는 긍정적인 말을 해야 합니다. "얼굴이 안 좋네", "얼굴이 반쪽이 되었네" 이런 말을 하려면 병문안을 가지 말아야 합니다.

일본 사람이 쓴 소설 중에 「아끼루」라는 소설이 있습니다. '산다'는 뜻입니다. 노벨상 수상 작품 후보로 들어갔다가 상을 받지 못했지만 중요한 작품입니다. 내용은 간단합니다. 25년 동안이나 시청에 근무하던 어떤 사람, 아주 몸이 건강하던 사람인데 이 사람이 병원에 가서 진찰을 했더니 위암이었습니다. 의사는 6개월 밖에 살수 없다고 선언을 했습니다. 이 말을 듣고 그는 고민을 했습니다. 6개월 밖에 남지 않았다고 생각을 하니까 모든 것이 귀찮아졌습니다. 직장에도 가고 싶지 않았고, 먹어도 배부르지 않았고, 술집에 가서 술을 마셔도 재미없었고, 누구를 만나도 재미가 없습니다. 그는 아주 절망하고 살았습니다.

그러다가 그는 어떤 꽃 파는 불쌍한 어린아이하고 앉아서 애기를 하다가 말동무가 되었습니다. "나는 6개월밖에 남지 않았다"고 그는 슬픈 이야기를 했습니다. 그런데 철없는 어린아이는 "그래도 6개월은 있잖아요"라고 말을 했습니다. 그는 그 어린아이의 말이 옳다는 생각했습니다. 정신을 차렸습니다.

할 수 있다는 생각, 긍정적인 생각, 적극적인 생각을 하면 내 마음을 지키고, 건강을 지키고, 우리 인생을 지킬 수 있습니다.

chapter 2

자연으로의 초대

바울은 "창세로부터 그의 보이지 아니하는 것들 곧 그의 영원하신 능력과 신성이 그 만드신 만물에 분명히 보여 알게 되나니"(롬 1:20)라고 말씀했습니다.

자연 만물은 하나님의 작품입니다. 자연에는 하나님의 손길이 깃들어 있고 하나님의 지문이 묻어 있습니다. 그렇기 때문에 피조 세계를 주목해 보면 그 가운데서 하나님의 성품과 하나님께서 정하신 원리와 법칙들을 발견할 수 있습니다.

하나님은 우리 인간들에게 하늘의 교훈과 진리를 가르치는 교과서를 주셨는데, 하나는 자연이고 하나는 성경입니다. 독일의 종교 개혁자 마틴 루터는 "하나님은 성경에만 복음을 기록하신 것이 아니라 나무들과 꽃들과 구름들과 별들과 해와 달에게도 기록하셨다"고 했습니다. 자연을 통한 계시를 일반계시, 성경을 통한 계시를 특별 계시라고 합니다.

자연은 있는 그대로가 가장 아름답습니다

현대 의학은 '암과의 투쟁'이라고 해도 과언이 아닙니다. 1970년대 후반에 에이즈라는 병이 불치병에 합류했지만 암에 비하면 그 파괴력과 공포의 강도는 비할 바가 아닙니다. 사람들이 의학 상식으로 알고 있는 '수술, 항암 아니면 죽음'이라는 이미지는 병원에서 만든 것입니다.

사람들은 아프면 병원에 가야하고, 병원에서 암으로 판정되면 수술하고 항암치료 하는 것이 최선의 방법인 줄로 알고 있습니다. 그러나 선진국에서는 기존의 치료 방법이 암 환자의 생존율에 거의 변화가 없다는 사실을 인정하고, 이제는 암을 건드리지 말라고 말합니다.

암은 변형된 내 몸의 세포입니다. 불편하기는 하지만 건드리지 않고 그냥 두면 함께 살 수 있습니다. 그러나 건드리면 암은 살기 위해서 우리 몸을 더 망가뜨립니다. 긁어 부스럼이라는 말처럼 건드리면 더 심해집니다.

그런데 사람들은 무엇이든 본래대로 가만 놔두지 못하는 것입니다. 대부분의 사람들은 꽃을 보면 그냥 두고 보지 않고 건드리거나 꺾어갑니다. 어떤 사람은 몰래 꽃나무를 채취해 집으로 가져가기도 합니다. 자기 집 정원에 꽃나무를 심는 것도 소중한 일이지만 이미 뿌리를 내려 커가고 있는 나무를 파가는 일은 근본적으로 인간의 소유의식, 탐욕에서 비롯된 것입니다. 무엇이든지 본래 그대로의 것이 가장 좋습니다. 특히 자연은 있는 그대로 두고 볼 때 가장 아름답습니다.

우리나라에서는 개발이라는 이름으로 생태계를 망가뜨리고 있습니다. 간척사업, 경인 운하, 4대강 개발 등은 모두 기본적으로 자연에 대한 왜곡된 인식에서 나온 것들입니다. 개발이란 미명 하에 저질러지는 수많은 자연 파괴 공사들은 이제 중단되어야 합니다.

간척사업은 국토 확장, 관광지 조성, 농경지 개척, 주변 도시의 경제 발전이라는 명분을 가지고 시행하고 있습니다. 그러나 간척사업을 진행할 경우 어민들의 일자리가 줄어들고, 갯벌의 감소로 인해 오염이 심각해지기 때문에 생태계 파괴라는 문제점이 제기됩니다.

처음 경인운하 공사를 추진할 당시 지역이 엄청나게 발전할 것처럼 온갖 감언이설로 이야기했는데, 지금은 공사 추진에 앞장서서 서명 받던 사람들은 다 꼬리를 감추고 사라졌습니다.

자연은 하나님의 완벽한 작품입니다. 그렇기 때문에 자연은 있는 그대로가 가장 아름답고, 신비롭고, 최상의 경지입니다. 자연은 있는 그대로가 미술관입니다. 문제는 인간의 욕심입니다. 욕심이 하나님의 작품인 자연의 아름다움을 훼손하고, 순수함을 망가뜨립니다. 자연에 손을 대는 순간 그것은 자연이 아닙니다. '자연은 있는 그대로가 가장 아름답습니다'는 말은 아무리 강조해도 지나치지 않을 것입니다.

자연 그리고 인간의 아름다움

사람들은 자연이 아름답다고 합니다. 피상적으로도 아름다운 것이 자연이지만 가까이 하면 할수록 자연은 정말 아름답습니다.

요즘 식탁에 오르는 산나물들을 먹으며 자연의 선물에 감사하게 됩니다. 도시의 나무들은 어느덧 푸르름이 짙어가고 있지만 오대산에서는 이제 막 새순들이 올라옵니다. 연초록의 새순들은 마치 여리고 보드라운 어린아이의 살과 같은 느낌을 줍니다. 숲길을 걸으며 숲의 향기를 음미해 봅니다. 새 옷을 입고 있는 나무 한 그루, 풀 한포기까지 사랑스럽게 여겨집니다.

이름 있는 꽃들만 예쁜 것이 아닙니다. 산야(山野)의 이름 없는 들꽃도 자세히 들여다보면 나름대로 예쁜 구석이 있습니다. 얼마나 아기자기한지 감탄이 절로 나옵니다. 자연의 아름다움은 때 묻지 않은 순수함에 있습니다. 그 순수함에 마음이 동화되어 맑아집니다. 풀잎에 맺힌 맑은 새벽이슬, 햇살에 반짝이는 새벽이슬은 보석보다 아름답습니다.

예수님은 자연 속에서 묵상하며 제자들에게 교훈을 주셨습니다. "너희가 어찌 의복을 위하여 염려하느냐 들의 백합화가 어떻게 자라는가 생각하여 보라 수고도 아니하고 길쌈도 아니하느니라 … 오늘 있다가 내일 아궁이에 던져지는 들풀도 하나님이 이렇게 입히시거든 하물며 너희일까 보냐 믿음이 적은 자들아." 그야말로 자연은 우리 영혼의 교사이며, 영성훈련의 장(場)입니다.

자연도 아름답지만 인간은 더욱 아름답습니다. 인간은 하나님의 최고 걸작품입니다. 시편 기자는 "내가 주께 감사하옴은 나를 지으심이 심히 기묘하심이라 주께서 하시는 일이 기이함을 내 영혼이 잘 아나니다"(시 139:14)라고 했습니다.

이 세상에 똑 같이 생긴 사람은 한 사람도 없습니다. 누구든지 나름대로 독특한 아름다움을 지니고 있습니다. 욕심 없는 마음으로 주어진 조건에 만족하며 살아가는 이들이 있습니다. 가식 없는 인격적 교류가 이루어지는 순결한 영혼을 대할 때면 인간 존재의 아름다움에 감격합니다.

외모지상주의로 인해 성형이 일반화되고 있습니다. 순수한 자연 그대로가 아름답듯이 인간 역시 하나님이 지으신 그대로가 아름답습니다. 하나님은 우리 속사람을 보시지만 사람들은 외모를 보기 때문에 사회생활을 위해서는 어느 정도 외모에도 신경을 써야 합니다. 그러나 하나님 앞에서는 내면의 단장에 더욱 신경을 써야 합니다(벧전 3:3-4).

사람들은 누구나 행복한 삶을 원합니다. 사람의 행복과 불행은 얼마나 많이 가졌느냐, 또는 얼마나 많이 배웠느냐가 아니라 이 세상을 어떻게 보느냐에 달려 있습니다. 이 세상을 살만한 세상으로 보는 사람은 행복하고, 이 세상을 보기 싫어하는 사람은 불행한 것입니다.

따뜻한 겨울

어느 날 마크 트웨인이 성경을 읽고 있는데 어떤 청년이 찾아왔습니다. 청년은 마크 트웨인이 성경을 읽는 모습에 의아하다는 듯 이렇게 묻습니다. "선생님께서 성경을 읽고 계실 줄은 몰랐네요. 선생님은 성경의 모든 말씀들을 이해하시나요?"

그러자 마크 트웨인은 빙그레 웃으며 말합니다. "성경을 이해한다는 것은 어려운 일이지요. 그러나 제가 마음 아픈 것은 이해할 수 없는 말씀 때문이 아니라 알고 있는 말씀조차 삶에 적용시키지 못하고 있다는 것입니다."

성경을 몰라서 신앙생활 하는데 문제가 될 사람은 없습니다. 오히려 너무 많이 아는 것이 문제입니다. 우리에게도 마크 트웨인과 같은 고민이 있어야 합니다. 아는 것은 많지만 실천이 따르지 못하기 때문입니다. 그러나 많은 성도들이 별 고민 없이 새로운 지식을 얻는 데만 관심을 쏟고 있습니다. 실천 없는 지식은 아무 의미가 없습니다.

일찍이 요한 웨슬리는 "천국에는 목사의 입과 신자의 귀만 있을 것이다"라는 말을 한 적이 있습니다. 이는 신자로서의 순종이나 실천이 없는 기회주의적 신자나 목회자를 꼬집은 말입니다.

지금도 그의 말이 우리에게 교훈이 되는 것은 아는 것에 비해 실천이 부족하기 때문일 것입니다. 성경은 우리에게 "너희는 말씀을 행하는 자가 되고 듣기만 하여 자신을 속이는 자가 되지 말라"(약 1:22)고 말씀하고 있습니다.

우리는 행동하지 않고 머릿속으로 온갖 계산을 합니다. 하지만 하나님의 나라는 머리로 세워지는 것이 아니라 일하며 수고하는 손과 발로 인해 세워지는 것입니다.

따뜻한 마음이 모아지고, 사랑으로 수고하면 아무리 추운 겨울도 따뜻한 겨울이 될 수 있습니다. 주변 사람들을 돌아보며 사랑을 실천하는 성도들이 됩시다.

천고마비

태풍이 지나가고 나자 가을 분위기가 물씬 풍겨나고 있습니다. 땅, 하늘, 물, 숲, 그 어느 곳 하나 신비롭지 않은 곳이 없습니다. 황홀할 정도로 아름답게 다가온 가을의 모습은 평소 자연의 존재를 잊고 지내던 무심하던 사람들에게조차 감동어린 눈길을 받고 있습니다.

흔히 가을을 일컬어 천고마비(天高馬肥)의 계절이라고 합니다. 다른 계절에 비해 가을 하늘이 유난히 높은 이유는 대기가 맑고 건조하기 때문이라고 합니다. 그러면 왜 하필 말일까요?

말은 옛날에 중요한 교통수단으로 사용되었으며, 전쟁 시에는 없어서는 안 되는 중요한 동물이었습니다. 옛날에는 농사를 하여도 생산량이 부족하였기에 이웃나라를 약탈하는 전쟁들이 많이 일어났습니다.

하지만 가을에는 다들 전쟁보다는 추수에 바빠서 전쟁을 잠시 멈추게 되었고 그렇기 때문에 가을에는 전쟁을 위해 달리던 말들이 편히 먹고 쉬기 때문에 살이 찌게 되었다고 합니다.

하늘을 쳐다보며 문득 인간의 본질을 생각해 보았습니다. 그리스어로 인간을 '안드로포스'라고 합니다. '위를 보고 걷는 동물'이라는 뜻입니다. 모든 동물들은 기어 다니면서 아래를 바라보고 살도록 되어 있지만 사람만은 위를 보도록 창조되었습니다.

인간은 하늘을 바라보고 살아야 합니다. 하지만 요즘 현대인들은 눈을 들어 하늘을 쳐다보지 않습니다. 하늘을 쳐다보며 살 수 있는 마음의 여유가 없습니다. 하늘을 바라보며 살아야 할 인간이 하늘을 바라보지 않으니 내가 누구인지, 어떻게 살아야 하는지를 모릅니다.

다윗은 하늘을 바라보며 살았습니다. 다윗은 쫓기는 상황 속에서도 초장에 누워 하늘에 빛나는 수많은 별과 달을 보았습니다. 그리고 이렇게 노래했습니다. "여호와 우리 주여 주의 이름이 온 땅에 어찌 그리 아름다운지요 주의 영광이 하늘을 덮었나이다"(시 8:1). 다윗은 깊은 밤 초장에 누워 하늘의 아름다움만을 보지 않았습니다. 그는 하늘에 가득한 창조의 권능과 주의 영광을 보았습니다.

예수님은 "하늘에 계신 우리 아버지여"라고 기도하라 하셨습니다. 하나님은 하늘에서 우리를 바라보고 계십니다. 예수님은 종종 하늘을 바라보셨습니다. "예수께서 이 말씀을 하시고 눈을 들어 하늘을 우러러 이르시되"(요 17:1). 예수님은 단순히 하늘을 우러러 본 것이 아닙니다. 하늘위에 계시는 하나님 아버지를 경외심과 믿음으로 바라보셨던 것입니다.

하나님의 형상대로 지음 받은 인간은 하늘을 바라보고 살아야 합니다. 땅을 쳐다보며 살면 근심과 절망과 불안이 떠나지 않습니다. 한숨과 탄식이 끊이지 않습니다. 생각이 좁아지고 짜증과 불만이 터져 나오기 마렵입니다.

높고 높은 가을 하늘을 바라보며 잊고 살던 나를 발견하고 나를 지으시고 눈동자처럼 돌보시는 창조주 하나님을 향하여 감사하고 서로 사랑하며 사는 성도들이 됩시다.

겨울나무의 소망

겨울이 오기 전 찬바람이 불어오면 나무마다 무성하던 나뭇잎들이 형형색색의 단풍으로 변화됩니다. 그러나 그 아름다움도 잠시 뿐, 얼마 있지 않아 가지에서 떨어져 나가 바닥에 뒹굴게 됩니다. 잎이 떨어져 나가면서 무성한 잎으로 가려져 있던 나무의 가지들과 결점들이 하나 둘씩 드러나기 시작합니다.

물론 그 불완전함이 늘 거기에 있었지만 우리들의 시야에 가려져 있었습니다. 그러나 이제 나무마다 앙상한 모습으로 벌거벗은 채 서 있습니다. 우리는 나무의 진면목을 볼 수 있게 되었습니다.

사람들은 자신의 참 모습을 감추고 자신의 학위나 재산, 건강, 혹은 미모와 같은 표면적이고 눈에 보이는 것들로 자신을 위장하고 삽니다. 하지만 우리의 인생은 언제나 여름이 아닙니다. 하나님께서는 우리 인생에도 겨울이 다가오게 하십니다. 그때 재산을 잃어버릴 수도 있고, 건강을 잃어버릴 수도 있고, 명예를 잃어버릴 수도 있습니다.

나무의 푸른 잎이 하나 둘 떨어지고 나면 그 동안 외적인 것들로 가려졌던 수많은 결점과 약점과 불완전함이 적나라하게 드러나게 되는 것처럼 우리도 역시 겨울을 만났을 때 비로소 우리 자신의 참 모습을 발견하게 됩니다. 자기 발견은 곧 하나님을 아는 지식으로 이어집니다.

이런 점에서 자신을 안다는 것은 큰 은혜입니다. 고난은 결과적으로 유익입니다. 시편 기자는 "고난당하는 것이 내게 유익이라 이로 인하여 내가 주의 율례를 배우게 되었나이다"(시 119:71)라고 고백했습니다.

겨울은 나무를 보존하고 강화합니다. 나무의 힘이 바깥 표면에서 소모되기보다는 그 나무의 수액이 나무의 안쪽 깊은 곳까지 점점 더 깊이 들어가게 됩니다. 겨울은 나무가 생존하고 번창하기 위해서 꼭 필요한 것입니다. 비록 힘들고 어렵지만 우리도 고난의 찬 바람을 맞으며 영혼은 계속 내면세계를 향해 나아가게 되고 하나님의 세미한 음성을 들을 수 있는 영성을 가질 수 있게 되는 것입니다.

하나님은 우주를 운행하시고 이 세상 만물을 주관하십니다. 계절의 변화도 하나님의 손에 달려 있습니다. 아무리 매서운 겨울이라고 할지라도 때가 되면 그 한기가 물러가고 따뜻한 새 봄이 다가오는 것입니다. 봄이 있기 때문에 겨울나무는 소망이 있습니다. 봄이 되면 다시 가지에서 파릇파릇 새 잎이 돋아나 다시 무성한 나무가 될 것입니다.

우리 그리스도인들은 영원한 본향을 향해 나아가는 나그네입니다. 새해는 우리에게 꿈과 소망을 가져다줍니다. 바울은 "너희 안에서 행하시는 이는 하나님이시니 자기의 기쁘신 뜻을 위하여 너희로 소원을 두고 행하게 하시나니"(빌 2:13)라고 했습니다. 하나님께서 주시는 소망을 가지고 힘차게 살아갈 수 있는 나그네들이 됩시다.

정직한 자

어느 글에 나이별 화장의 명칭이 있었습니다. 20대는 화장, 30대는 치장, 40대는 변장, 50대는 위장, 60대는 포장, 70대는 환장, 80대는 끝장이라 표현되어 있더군요. 화장의 시작은 고대 이집트 여인들이 매력적으로 보이기 위해서 한 것으로 알려져 있습니다. 중세에는 천연두가 유행했고, 마마 자국을 감추려고 짙게 화장을 하기도 했습니다.

화장의 목적은 여러 가지입니다. 기본적으로는 아름답게 보이기 위한 것이지만 피에로 화장은 웃기기 위해서, 아프리카 원주민들의 화장은 무섭게 보이도록 하기 위함입니다. 화장은 결점을 아름답게 꾸미는, 남을 속이기 위한 도구입니다.

결혼을 하고 나서 아내의 민낯에 놀라는 경우가 많습니다. 남편들은 화장 발에 속았다는 생각을 하게 됩니다. 어떤 여자는 화장을 지운 모습을 남편에게 절대로 보이지 않는다고 합니다. 그래서 항상 남편보다 먼저 일어나서 화장을 합니다.

학벌, 가문, 돈은 우리 인생을 멋지게 꾸며주는 화장 도구들입니다. 화장에 속지 말아야 합니다. 교회도 마찬가지입니다. 세상적인 가치관을 가지고 교회 크기, 성도 숫자만 보고 좋은 교회라고 단정하면 오산입니다.

화장이 지워지면 추한 모습으로 바뀝니다. 그러나 영원히 아름다운 것들이 있습니다. 믿음과 소망과 사랑입니다. 우리는 외모보다 내면의 아름다움을 가꾸어야 합니다. 왜냐하면 하나님은 외모를 보지 않으시고 중심을 보시기 때문입니다(삼상 16:7).

정직을 기뻐하시는 하나님은 언제나 정직한 자에게 구원의 손길을 펴십니다. 정직함이 인격을 살립니다. 정직이 자본이 됩니다. 정직이 사업을 진흥시킵니다. 정직해서 망한 사람은 없습니다. 정직하면 손해 보는 것 같으나 결국은 형통의 복이 임합니다.

정직한 자들은 단순히 물질을 유산으로 남긴 것이 아니라, 하나님을 섬기는 신앙을 물려주었기에 그 후손들이 복을 받은 것입니다.

교회를 다닌다고 다 교인이 아닙니다. 하나님의 방식대로 사는 사람이 교인입니다. 교회에 열심히 다니고 봉사한다 해도 세상 방식대로 산다면 엄밀한 의미에서 교인일 수 없습니다. 하나님의 방식은 정직입니다. 정직한 자의 형통을 믿으십니까? 후손이 강성해집니다. 하나님의 인정을 받습니다. 마음이 견고하여 평안합니다.

세상은 거짓을 사랑합니다. 거짓말하는 사람들의 대부분의 심리는 스스로 생각하기를 자신이 똑똑하다고 생각합니다. 자신에게 속는 사람은 어리석고 속이는 자신이 똑똑하다고 착각합니다. 하지만 하나님은 정직을 사랑하십니다. 하나님은 정직한 자의 구원이 되어주시고, 정직한 자의 방패가 되어 주시기를 기뻐하십니다.

우리들 마음에 빛이 있다면

우리가 어릴 적 부르던 동요 중에 '파란 마음 하얀 마음'(어효선 작사, 한용희 작곡)이라는 아름다운 노래가 있었습니다. 그 가사는 이렇습니다. "우리들 마음에 빛이 있다면 여름엔 여름엔 파랄 거예요. 산도 들도 나무도 파란 잎으로 파랗게 파랗게 덮인 속에서 파아란 하늘 보고 자라니까요. 우리들 마음에 빛이 있다면 겨울엔 겨울엔 하얄 거예요. 산도 들도 지붕도 하얀 눈으로 하얗게 하얗게 덮인 속에서 깨끗한 마음으로 자라니까요."

우리가 신앙적인 관점에서 주목하는 것은 '우리들 마음에 빛이 있다면'이라는 표현입니다. 빛이 있어서 세상은 밝고 따뜻합니다. 빛은 행복하고 아름답고 행복한 세상 만들어 갑니다. 그 빛은 주님께서 비추어 주시는 은총의 빛입니다.

우리의 마음에 빛이 비춰야 합니다. 주님의 빛, 말씀의 빛, 사랑의 빛이 비춰야 합니다. 그럴 때 우리는 겨울에 순백의 산들을 바라보면서 회개하는 마음을 갖게 됩니다. 그리고 여름에는 진록의 산들을 바라보며 주님을 기다리는 마음을 갖게 됩니다. 그리고 날마다 기대와 기쁨과 감사의 마음으로 살아갑니다.

어느 마을에 새로 이사 온 사람이 동네 할아버지에게 물었습니다.

"이 동네 인심이 어떻습니까?" 그러자 할아버지는 "전에 살던 곳의 인심이 어떠했나요?"라고 되물었습니다. "동네 사람들이 참 좋았어요. 너무나 아름다운 곳이었지요" 그러자 할아버지는 "그래요. 우리 동네도 그럴 겁니다"라고 대답했습니다.

얼마 있다가 또 다른 젊은 사람이 이사를 와서 그 노인을 찾아가 똑같은 대화를 나누었습니다. "이 동네 인심이 어떻습니까?" "전에 살던 곳의 인심이 어떠했나요?" "말도 마세요. 정말 힘들었죠. 생각조차 하기 힘든 곳이었어요." "그래요. 우리 동네도 그럴 겁니다."

노인은 같은 질문에 다른 대답을 했습니다. 이 이야기는 사람의 마음이 얼마나 중요한 지를 가르쳐 주고 있습니다. 마음이 부정적이면 미워하고 분노하여 적개심을 가지는 인생을 살게 됩니다. 부정적인 마음을 가진 사람은 아름다운 장미꽃을 보고도 꽃은 보지 않고 가시만 보고 투덜거립니다. 부정적인 마음은 우리를 고통과 불행으로 이끌어 갑니다.

그러나 마음이 긍정적이면 절망적인 상황에서도 희망을 보고, 누구에게서나 장점을 보고 칭찬거리를 발견합니다. 긍정적인 마음은 우리를 기쁨과 행복으로 이끄는 것입니다. 그러므로 우리는 긍정적인 마음으로 하나님이 기뻐하시는 참되고, 경건하고, 옳으며, 정결하고, 사랑받을만하고, 칭찬받을만한 것들을 생각해야 합니다(빌 4:8).

하나님 앞에 크게 쓰임 받은 사람들은 다 넓어진 마음의 소유자들이었습니다. 아브라함은 좋은 마음을 가지고 있었습니다. 그래서 조카 롯과 헤어질 때 어른으로서 먼저 머무를 곳을 선택할 수 있는 입장이었지만 양보하여 롯에게 먼저 선택할 수 있도록 했습니다.

얼굴은 우리 영혼의 거울입니다

사람을 만날 때 첫인상은 대단히 중요합니다. 첫인상은 보통 3초 안에 결정된다고 합니다. 첫인상에 대한 아주 흥미로운 연구가 캘리포니아 대학의 심리학과 교수인 알버트 메라비안에 의해서 행해졌습니다. 그는 커뮤니케이션에 있어서 언어적인 요소가 7%, 외모, 표정, 태도 등 시각적인 요인이 55%, 그리고 목소리 등 청각적인 요인이 38%를 차지한다고 했습니다. 이러한 원칙은 첫 만남에서 가장 강력하게 나타난다고 합니다.

그의 연구를 웃음의 측면에서 보면 웃는 얼굴과 웃음소리가 첫 만남의 93%를 지배한다고 해도 무방할 것입니다. 이런 점에서 얼굴 표정은 대단히 중요합니다. 얼굴은 자신의 삶을 대변하는 대변인입니다. 그렇기 때문에 우리는 상대방의 얼굴을 보고 그 사람의 마음 상태를 짐작합니다.

사람은 영적 존재입니다. 사람의 영적인 모습은 얼굴을 통해서 표현됩니다. 말을 하지 않아도 얼굴만 보고도 서로 통합니다. 얼굴의 '얼'은 영혼(靈魂)을 뜻하며 '굴'은 한자의 굴(窟, 구멍 굴, 동굴 굴)을 뜻하는 두 글자가 합쳐진 것입니다. 쉽게 말하면 얼굴은 영혼이 드나드는 통로라는 뜻입니다. 그래서 얼굴은 영혼의 거울입니다.

우리말의 '얼'은 모두 '혼'이라는 뜻입니다. '얼빠지다'는 말은 혼이 빠졌다는 뜻입니다. '얼씨구'란 말은 혼이 좋아한다는 뜻입니다. 또 '얼싸 안다'는 말도 반가워 두 팔을 벌리고 혼을 싸안는다는 뜻입니다. 누가 숨어서 나를 몰래 보면 보이지 않는데도 누가 있는 것 같아 쳐다봐집니다. 영끼리 통하니 그런 것입니다. '얼핏'이란 말은 그런 의미에서 생각할 수 있습니다.

사람의 몸은 660개의 근육을 갖고 있는데, 이중 얼굴 근육으로 쓰는 것이 60여 개입니다. 보통 얼굴 근육을 쓸 때 얼굴만 쓰는 게 아니라 몸도 함께 씁니다. 그래서 박장대소하며 웃을 때에 모두 240여 개의 근육을 씁니다. 울 때에는 보다 적은 180여 개의 근육을 씁니다. 그만큼 얼굴은 신체 중 가장 많은 근육으로 몸의 모든 감정을 표현해 냅니다.

말을 안 해도 얼굴 표정만 보아 상태를 짐작할 수 있는 것을 일컫는 말로 우리 표현에 "얼굴에 쓰여 있다"는 말이나 영어 표현에 "네 얼굴이 말한다"(Your face talks)는 이를 두고 하는 말입니다. 남자에 비해 여자들은 감정을 읽는데 섬세하기 때문에 아내들은 남편의 얼굴만 보고서도 생각과 감정을 줄줄 읽어냅니다.

서로 뜻이 다르면 얼굴을 돌리지만 뜻이 맞으면 얼굴을 마주 대하고 이야기를 나눕니다. 하나님의 얼굴을 구하려면 먼저 하나님의 나라와 그의 의를 구해야 합니다. 하나님의 얼굴을 구하면 하나님의 손에 있는 것은 저절로 따라옵니다.

싸우면서 큰다

옛날부터 아이들은 싸우면서 큰다고 했습니다. 싸우고 스스로 화해하는 방법을 터득하면서 커나가기 때문입니다. 사실 애들 싸움은 대단한 것이 아닙니다. 하지만 싸우는 당사자들은 진지하고 심각합니다. 그래도 아이들끼리 싸우게 놔두면 서로 잘 풀어갑니다.

그런데 어른이 개입하다 보니 애들 싸움이 커지고 애들끼리 사과하고 화해하는 방법을 배우지 못하게 됩니다. 그러므로 집안에서 아이들이 서로 싸울 때 일일이 싸움에 끼어들어 판정을 내리지 말고 일부러 모르는 척 할 필요가 있습니다.

성장 과정에서 싸움은 불가피합니다. 남녀가 결혼을 하면 서로 맞추며 살기까지 많은 싸움을 합니다. 부부싸움을 피할 수 있는 방법은 한가지 밖에 없습니다. 결혼하지 않는 것입니다. 중요한 것은 싸움이 없었다는 것이 아니라 그것을 어떻게 처리 했느냐 입니다.

"병을 치료하지 말고 인격을 치료하라"는 유명한 말을 남긴 심리학자이자 상담학자인 폴 투루니에가 일본에서 강의를 할 때 이런 질문을 받았습니다. "선생님도 부부싸움을 한 적이 있습니까?" 그는 이렇게 답을 했습니다. "당연하지 않습니까?" 그리고 그는 묻지도 않은 일을 답했습니다. "때린 적도 있습니다."

수많은 부부가 성격 때문에 싸우고 이혼합니다. 그러나 알고 보면 성격이 서로 다르다는 것은 내세우는 주장일 뿐, 진짜 문제는 그들의 마음속에 품고 있는 이기심입니다. 상대 배우자의 특성을 자신에게 맞추기를 원하는 이기심 말입니다. 이 이기심을 극복해야 합니다. 서로의 차이점을 인정하면서 나보다는 먼저 상대 배우자의 유익을 위해 주는 삶을 실천해야 합니다.

부부 뿐 아니라 자녀들이 성장해서 결혼을 하면 각자 가정을 세워가는 과정에서 갈등이 생기고 다툼이 일어납니다. 형제, 자매가 잘 지내다가도 결혼을 하면 달라집니다. 새로운 가족이 생겼기 때문입니다. 사위, 혹은 며느리가 마음에 들지 않을 수 있습니다. 가족들 간에도 새로 들어온 형부, 동서, 매형, 매부, 시누이가 마음에 들지 않을 수 있습니다. 가족들은 공간적, 시간적, 그리고 심리적으로 서로 피할 수 없기 때문에 종종 다투고 갈등하며 상처 받는 일들이 생겨납니다.

인간은 더불어 살아야 삶의 기쁨을 얻을 수 있습니다. 그렇기 때문에 인간을 가리켜서 사회적인 존재라고 하는 것입니다. 우리 인간은 혼자 살 수 있는 존재가 아닙니다. 가족이 있고, 많은 친척이 있음을 감사해야 합니다. 싸움 자체는 나쁜 것이지만 인간 세상에서 싸움은 어쩔 수 없는 것입니다. 우리는 싸우는 과정에서 서로를 이해하고 용납하고 배려하는 기술을 터득하면서 성장해야 합니다.

개구리 우는 소리

개구리 우는 소리가 들립니다. 개구리 우는 소리를 듣다보면 어릴 적 배웠던 '청개구리 이야기'가 생각납니다. 엄마 개구리가 무슨 말을 하든지 항상 반대로만 했던 청개구리가 있었습니다. 엄마 개구리는 죽으면서 냇가에 묻어 달라고 했습니다. 그러면 산에다 묻을 것이라고 생각했던 것입니다.

그런데 청개구리는 엄마 개구리가 죽자 자기 잘못을 깨닫고 이번에는 엄마의 유언 그대로 냇가에 묻었습니다. 그래서 비만 오면 엄마 개구리 무덤이 떠내려 갈까봐 개굴개굴 운다는 청개구리 이야기를 기억하실 것입니다.

지금도 초등학교 교과서에 나오는지 모르지만 우리는 어린 시절 그 이야기를 통해 효(孝) 교육을 받았습니다. 기회가 지나면 후회해도 소용이 없습니다.

성경을 보면 자연 재앙은 하나님의 심판입니다. 노아 시대의 홍수는 전무후무한 자연재해였습니다. 왜 인류를 멸망시킨 그 무시무시한 홍수가 일어났을까요? 죄 때문이었습니다. 노아 시대의 대홍수는 죄에 대한 하나님의 심판이었습니다. 소돔과 고모라의 멸망도 죄 때문이었습니다.

하나님은 교만한 바로를 심판하기 위하여 10가지 재앙을 내리셨습니다. 마지막 장자 죽음의 재앙이 있기까지 모든 재앙들은 자연을 통한 재앙들이었습니다. 요엘 선지자 당시의 메뚜기 재앙을 통해 유다의 멸망을 예고했습니다.

인간의 행위로써 하나님의 마지막 심판을 피해갈 수 있는 의인은 이 세상에 한 사람도 없습니다. 그러므로 우리는 오직 도피성이 되시는 예수님에게로 피신해야 하며, 하나님이 경고하실 때 깨닫고 회개하고 돌이켜야 합니다.

자연 파괴는 하나님께 대한 도전입니다. 누가 우리의 귀한 물건을 함부로 부수고 망가뜨리면 우리는 어떻게 합니까? 그 일에 대해 분노하고 그 대가를 치르도록 하지 않습니까? 자연의 주인은 우리 인간이 아닙니다.

개구리의 울음소리가 들리십니까? 기회를 놓치면 후회해도 소용이 없습니다. 우리가 살고 있는 지구, 그리고 자연의 주인이 누구인지 분명히 알고 자연을 소중하게 여기고 자연의 청지기로서 책임을 다해야 합니다.

하나님의 사람, 세상 사람

사람을 구분하는 방법은 다양하지만 성경에서는 구원과 관련해서 두 종류로 구분하고 있습니다. 믿는 자와 믿지 않는 자입니다. 이 둘을 대비하여 의와 불법, 빛과 어둠(고후 6:14), 알곡과 쭉정이(마 3:12), 넓은 문과 좁은 문(마 7:13), 양과 염소(마 25:32), 오른편과 왼편(마 25:33) 등으로 표현하고 있습니다. 그리고 영광스러운 명칭인 하나님의 사람(딤전 6:11)과 세상 사람으로 구분합니다.

이 양자는 서로 대립하는 관계입니다. 물과 기름과 같이 섞일 수 없고, 함께 동행 할 수도 없습니다. 인생관과 가치관이 다르고, 내세관이 다르며, 구원관이 다르기 때문입니다. 하나님의 사람들은 세상에서는 아웃사이더, 나그네와 외국인입니다(벧전 2:11).

하나님의 사람과 세상 사람은 외관상 아무런 차이가 없습니다. 그러면 무엇으로 하나님의 사람과 세상 사람을 확인할 수 있을까요? 평소에 무슨 말에 귀를 기울이는지 보면 알 수 있습니다. 무엇을 듣느냐가 중요합니다.

세계적인 베스트셀러, 『로마인 이야기』는 15권으로 된 대작입니다. 일본 출신의 작가 시오니 나나미는 다음과 같은 질문을 던짐으로 그 긴 이야기를 시작하고 있습니다.

'지성으로는 그리스인보다 못하고, 체력으로는 켈트족이나 게르만족보다 못하며, 기술력으로는 에트루리안 보다 못하고, 경제력에선 카르타고인보다 못한 로마인들이 지중해와 전 세계를 지배할 수 있었던 이유는 무엇이었을까?'

모든 것이 현저히 열악한 상황 가운데서 무엇으로 말미암아 그들이 천하의 패권을 차지할 수 있었을까요? 그 이유가 자못 궁금해집니다. 그러나 이유는 너무나 단순했습니다. 그 어느 민족에게서도 찾아볼 수 없는 그들의 높은 시민의식 때문이었던 것입니다.

자신이 로마인이라는 긍지와 자부심이 법과 제도 앞에 철저히 헌신하게 했고, 계속되는 절체절명의 위기의 순간 속에서도 대의(大義) 앞에 하나 되게 만들어 결국 이로 말미암아 숱한 난적들의 숲을 헤치고 정상의 고지에 다다르게 했던 것입니다.

바울 시대의 빌립보는 로마의 식민지로서 정치, 군사, 경제적인 측면에서 매우 중요한 위치에 있었습니다. 그렇기 때문에 로마의 황제는 이곳 빌립보 사람들에게 이탈리아 본토 사람과 동일한 지위와 특권을 허락했고, 이로 말미암아 빌립보 사람들의 자부심은 그 어느 로마인들보다 더 대단했습니다.

잡다한 세상사에 관심이 많으면 세상 사람이고, 하나님 나라에 관심이 많으면 하나님의 사람입니다. 바울은 이 땅에 살면서도 언제나 하늘 나라를 바라보았습니다. 로마 시민권을 가지고 있었지만 하늘 시민인 것을 자랑스러워했습니다. 로마 옥중에서도 창살 너머로 하늘나라를 바라보며 소망 가운데 기뻐할 수 있었습니다. 비록 세상에서 살아도 하나님의 사람으로 살아가는 성도들이 됩시다.

지나온 길, 지금 서 있는 길, 가야 할 길

1954년 노벨 문학상을 수상한 헤밍웨이의 『노인과 바다』는 설명이 필요 없는 세계적인 명작입니다. 스토리는 간단합니다. 쿠바의 해안가에 사는 늙은 어부는 고기를 잡으러 바다로 갔으나 84일 동안 한 마리의 고기도 잡지 못합니다. 그러던 다음날 자신의 고깃배보다 더 큰 고기를 발견하고 사흘간 사투를 벌인 끝에 거대한 물고기를 잡았습니다. 그러나 항구로 돌아가던 중에 상어 떼를 만나면서 또 다시 물고기를 지키기 위한 사투를 벌입니다.

힘겹게 상어와 싸우면서 항구에 돌아오지만 고기의 머리와 뼈만 앙상하게 남아있었습니다. 헤밍웨이의 걸작 노인과 바다 이야기의 내용은 단순하면서도 많은 것을 느끼게 합니다.

많은 사람들이 포기할 줄 모르는 노인의 근성을 높이 평가합니다. 그러나 결과는 허무입니다. 우리도 늙은 어부와 같이 인생의 바다에서 큰 고기를 잡고 싶어 하고, 그것을 지키고 싶어 합니다. 그러나 내 마음대로 되지 않습니다. 『노인과 바다』의 마지막은 인생의 허무를 보여줍니다.

지나온 길은 어쩔 수 없습니다. 중요한 것은 앞으로 어디로 갈 것이냐 입니다. 그렇기 때문에 지금 내가 어디에 서 있는지 확인하는 일은 너무나 중요합니다. 잘못된 길이라면 빨리 그 방향을 바꾸어야 하기 때문입니다.

그런데 오늘날 사람들은 남의 이야기에 관심을 갖고, 자신보다 다른 사람에 대해서 많이 알고 있으며 그 이야기하는 것을 즐깁니다. 신문과 방송에서 날마다 들려주는 이야기는 다른 사람들의 이야기들입니다. 기술이 발달하면서 세계 각처에서 일어나는 소식들을 쉽게 알 수 있습니다.

그 어떤 뉴스보다 연예 뉴스, 스포츠 뉴스에 몰두합니다. 연예인이나 스포츠 스타들에 대해서 소소한 일까지 상세하게 알고 있고 끊임없이 그들의 일거수일투족을 주목하고 있습니다. 그런데 정작 잘 알아야 할 자기 자신에 대하여는 너무나도 모르고 있습니다.

직장에 취직을 하려면 이력서를 쓰고 자기소개서를 써야 합니다. 젊은 사람들이 힘들어하는 것 중의 하나가 바로 자기 자신을 소개하는 일입니다. 어떻게 자신을 소개해야 할 지 망막해 합니다. 그래서 인터넷에서 자기소개서 샘플의 내용들을 보고 대충 짜깁기해서 제출합니다.

자신의 꿈이 무엇인지, 목표는 무엇인지, 어떤 인생관과 가치관을 가지고 있는지, 그리고 각종 사회 이슈에 대한 자신의 입장을 표명한 일들이 왜 어렵게 느껴질까요? 그 이유는 평소에 자신과 대화하며 자신을 돌아보는 시간을 가진 적이 없기 때문입니다. 다른 사람에 대해서 관심을 갖는 만큼 나 자신에 대해서도 관심을 가져야 합니다. 인생의 본분, 우리가 가야 할 길은 하나님을 경외하고 그의 명령들을 지키는 것입니다. 지금 내가 서 있는 자리가 그 자리인지 돌아보십시오.

말씀을 먹는 대로

벌은 우리에게 꿀을 제공하는 비교적 친숙한 곤충입니다. 벌을 보면 하나님의 신비를 느낍니다. 꿀벌은 여왕벌을 중심으로 일벌인 암벌과 생식만을 목적으로 존재하는 수벌로 구성된 집단을 이루며 사는 사회성 곤충입니다. 여왕벌은 알을 낳고, 일벌은 꽃을 찾아다니며 부지런히 꿀을 수집해 옵니다.

수벌은 여왕벌과 짝짓기를 하는 벌입니다. 여왕벌과 짝 짓기 할 때까지 아무 일도 하지 않고 놀기만 합니다. 여왕벌과 짝짓기를 하고 나면 할 일이 없어진 수벌은 죽거나 일벌들에게 쫓겨납니다. 특히 겨울이 가까워지면 수벌은 일벌에 쫓겨나 겨울을 나는 무리 중에 수벌이 한 마리도 없습니다.

여왕벌은 다른 벌에 비해 덩치가 두 배 이상 큽니다. 그렇기 때문에 우리는 여왕벌의 알은 다른 벌의 알보다 크고 다를 것이라고 생각합니다. 그러나 알의 차이가 없습니다. 여왕벌과 일벌은 똑같은 알에서 태어납니다.

그러면 어떻게 달라질까요? 무엇을 먹느냐에 비밀에 있습니다. 여왕벌과 일벌은 6일간의 먹이에 의해 엄청난 차이가 생깁니다. 벌의 애벌레는 부화 후 초기 3일간은 모두 일벌이 분비해서 공급하는 로열젤리

(royal jelly)를 먹게 되나 후반 3일간 꽃가루와 꿀만 먹으면 일벌이 되고 로열젤리를 먹으면 여왕벌이 됩니다.

3일간의 먹이에 따라 상대적으로 몸집이 작고 45일 밖에 살지 못하는 일벌이 되기도 하고 일벌에 비해 30배 이상, 무려 7년을 살며 몸집도 2배 이상 크고 일생동안 200만개의 산란능력을 갖는 경이적인 생명력을 가진 여왕벌이 되기도 하는 것입니다.

사람의 양식은 여러 가지입니다. 육의 양식, 인격적인 양식, 영의 양식 등이 있습니다. 밥은 육의 양식이고, 학문은 인격의 양식이고, 성경 말씀은 영의 양식입니다. 아담과 하와는 선악과를 먹고 죄인이 되었지만 우리는 하나님의 말씀을 먹고 의인이 되었습니다.

일벌은 매일 자나 깨나 사업 걱정을 합니다. '어디 가서 꿀을 물어 오나?'라며 늘 사업한다고 뛰어다니다가 금방 죽습니다. 그러나 여왕벌은 슬슬 다니면서 뒤로는 생명의 자녀들을 낳습니다. 그리고 오래오래 삽니다.

우리는 썩을 양식을 위해 사는 일벌처럼 살아서는 안 됩니다. 우리가 매일 세상 사람들과 똑같이 일반적인 양식만을 먹는다면 평범한 일벌이 될 수밖에 없지만 매일 매순간 하늘 양식을 먹는다면 그날에 우리는 왕이 되어 주님과 함께 다스릴 것입니다.

변화된 자, 변질된 자

'변화와 변질'이라는 재미있는 글을 읽었습니다. 변화는 이런 것이라고 합니다. 여우같은 여자가 여유 있는 여자로, 화난 여자가 환한 여자로, 따지는 여자가 따뜻한 여자로, 착각하는 여자가 자각하는 여자로, 애먹이는 여자가 애태우는 여자로, 답답한 여자가 답을 아는 여자로, 빚을 지은 여자가 빛을 내는 여자로 바뀌는 것이 변화라는 것입니다.

그러나 변질은 반대입니다. 여유 있는 여자가 여우같은 여자로, 환한 여자가 화난 여자로, 따뜻한 여자가 따지는 여자로, 자각하는 여자가 착각하는 여자로, 답을 아는 여자가 답답한 여자로, 빛을 내는 여자가 빚을 지는 여자로 바뀌는 것입니다.

교인들 중에도 변화된 자가 있고, 변질된 자가 있습니다. 욕심 많은 사람들은 자신이 받은 은혜를 이웃과 나누지 않고 계속 받으려고만 합니다. 이런 사람의 소유에는 좀이나 동록이 해하며 도적이 구멍을 뚫습니다.

이스라엘에는 두 개의 대표적인 바다가 있습니다. 그것이 바로 갈릴리 바다와 사해입니다. 헐몬 산에서 흘러나오는 물이 모이는 갈릴리 바다는 이스라엘 전 국토를 비옥하게 만들고 또 그 물을 사해로 흘려보냅니다. 반면에 갈릴리 바다의 물이 모이는 사해는 물을 밖으로 전혀 내보내지 않습니다.

사방으로 물을 나누어주는 갈릴리 바다는 물고기가 풍성한 생명의 바다로 유명합니다. 그러나 물을 밖으로 내보내지 않는 사해는 물고기 한 마리 살지 못하는 죽음의 바다가 되었습니다. 받고 나누어주면 생명이 넘치는 곳으로 변화되지만 받기만 하고 나누어주지 않으면 죽음의 장소로 변질된다는 사실을 잘 보여주고 있습니다.

사람은 어떻게 해야 변화될까요? 지식이 증가한다고 사람은 변하지 않습니다. 명예나 권세가 높아진다고 변하지 않습니다. 돈이 많아진다고 변하지 않습니다. 오히려 돈이나 권세, 명예가 높아질 때 변화가 아니라 변질되는 것을 보게 됩니다.

아무리 환경을 바꾸고, 일을 바꾸고, 바른 삶을 가르쳐도 근본적으로는 변할 수 없습니다. 왜냐하면 이런 것은 외적인 변화이기 때문입니다. 진정한 변화는 내적인 변화입니다. 영이 새롭게 되어야 삶이 변화되는 것입니다. 참된 변화는 하나님께로 돌아오는 것입니다.

사람은 참으로 신기한 존재입니다. 고난을 당하면 더 약해질 것 같고, 변질될 것 같지만 그 반대입니다. 완악했던 사람이 부드러워집니다. 교만했던 사람이 겸손해집니다. 이기적이던 사람이 이타적인 사람이 됩니다. 그래서 하나님께서는 고난의 풀무에서 성도들은 연단하시는 것입니다. 알고 보면 고난도 은혜입니다.

쓰시기에 편안한 사람

우리나라에 기독교가 전파되던 선교의 초기에 침례교 선교사님으로 우리나라에 오신 말콤 C. 펜윅 선교사님의 일화입니다. 어느 날 펜윅 선교사님이 제자들을 불러 모았습니다. 그리고 무를 하나씩 주면서 무 잎은 땅속으로, 무는 하늘로 올라가도록 심으라고 명령했습니다.

그러자 제자들은 "아마 선교사님이 서양에서 무를 심어보지 못했나 봐, 무가 열매인줄로 잘못 아신 모양이지?"하며 전부 무를 땅속으로 무 잎사귀는 하늘을 보도록 심었습니다. 정상적으로 심은 것이지요.

그런데 유독 한 사람만 무를 하늘로, 무 잎사귀는 땅속으로 심는 것이었습니다. 동료들이 이 사람을 보고 "아니, 선교사님이 모르셔서 그렇게 시킨 건데 무식하게 무를 그렇게 심으면 어떡하냐?"라고 말했습니다.

그런데 펜윅 선교사님이 돌아오시더니 자기의 말대로 거꾸로 무를 심은 제자만을 칭찬하셨습니다. "내가 무 심는 법을 몰라서 그렇게 시킨 것이 아니라 여러분들이 얼마나 순종하는지, 순종이 얼마나 중요한지를 가르치고 싶어서 그렇게 시킨 것입니다"라고 말했습니다. 그래서 순종하지 못한 제자들은 얼굴을 붉힐 수밖에 없었습니다.

어떤 사람에게 일을 시켰을 때 "이 일을 꼭 해야 하나요? 저는 이거 못해요"라고 말하는 사람이 있습니다. 혹은 "못해요"라고 말은 하지 않아도 불만이 가득한 표정으로 일하는 사람도 많습니다. 주인으로서 이런 직원을 원하는 사람이 있을까요?

교회에서도 마찬가지입니다. 교회 일은 세상일과 다릅니다. 세상일은 이익을 목적으로 하지만 교회 일은 하나님의 영광을 목적으로 합니다. 그렇기 때문에 세상적 가치관을 가지고 교회에서 하는 일들을 보면 어리석게 보이는 경우가 많고, 비합리적으로 여겨질 때가 많습니다.

교회 일을 하면서 종종 제직들 중에 담임 목사가 하려는 일을 이해하지 못하고 자신의 생각으로 판단하고 제동을 거는 사람이 있습니다. 또한 '이게 손해 보는 일이 아니냐'고 따지는 사람도 있습니다. 헌금을 하고 헌금의 용도를 일일이 간섭하는 사람이 있습니다.

하나님 나라에서 큰 자는 섬기는 자입니다. 교회에는 계급이 없습니다. 장로나 권사 등 교회의 직분은 섬기라고 준 것입니다. 직분을 받은 자는 예수님을 본받아 낮아져서 섬겨야 합니다. 사랑으로 종노릇해야 합니다.

'빠삐따 성도'라는 말이 있습니다. 무슨 일이 있을 때 참여하지 않고 빠지는 성도, 조그만 일에도 삐지고 섭섭해 하는 성도, 자신이 전문가라면서 사사건건 따지고 주장하는 성도를 가리키는 말입니다. 이런 성도에게는 마음 놓고 일을 맡길 수 없습니다.

가장 일하기 편안한 사람은 일일이 말하지 않아도 일을 알아서 하고, 일을 맡겼을 때 바로 순종하는 사람입니다. 우리 모든 성도들이 하나님께서 쓰시기에 편안한 사람이 되었으면 좋겠습니다.

하나님의 나타나심

삼성의 창업주인 이병철 회장이 타계하기 한 달 전 천주교 신부에게 내밀었던 종교적인 질문이 2011년 12월 17일자 중앙일보에 공개되었습니다. 24개의 질문은 A4용지 다섯 장에 빼곡히 적혀 있었습니다.

이 질문지는 1987년 故 박희봉 신부에게 전해졌고, 박 신부는 이를 가톨릭계의 대표적인 석학인 정의채 교수에게 건넸다고 합니다. 정교수는 답변을 준비해 조만간 이 회장을 만날 예정이었으나 이 회장의 건강이 악화되어 만날 수 없었다고 합니다. 결국 이 회장은 폐암으로 한달 후에 타계해 문답의 자리는 무산되고 말았습니다.

24가지 질문의 내용은 대부분 신앙적이고 영적인 질문이었습니다. 그의 첫 번째 질문은 이렇습니다. "신의 존재를 어떻게 증명할 수 있나? 신은 왜 자신의 존재를 똑똑히 드러내 보이지 않는가?"

故 이병철 회장의 질문에 어떤 답을 할 수 있을까요? 하나님은 인간의 오감으로 느낄 수 있는 존재가 아닙니다. 따라서 구체적으로 증명할 수도 없고, 성경은 신의 존재를 증명하려고 하지 않습니다. 다만 "어리석은 자는 그의 마음에 이르기를 하나님이 없다 하는도다"(시 14:1)라고 말씀하고 있을 뿐입니다. 다시 말하면 하나님이 없다 하는 자는 어리석다는 것입니다.

조선조 야사를 보면, 어진 임금들이 평민복 차림으로 민정시찰을 나 갔다가 봉변을 당한 이야기가 나옵니다. 영조 때 흉년이 극심하였는데 민정시찰을 나갔다가 백성들이 굶주리는 것을 보고 '왕이 부덕하여 백 성들이 굶주린다'고 하였더니 그 말이 떨어지기도 전에 한 사내가 영조 의 뺨을 후려치면서 하는 말이 "네 놈이 양반이랍시고 감히 나랏님을 욕할 수 있느냐"며 대들더랍니다. 옛날에는 왕들을 주상(主上)이라 하 여 백성들이 하늘처럼 떠받들었습니다. 왕이 몸소 백성들의 실생활을 알아보려고 평민복을 하고서 민정시찰을 하였다는 사실 하나만으로도 백성들이 황송해 하면서 임금을 칭송하였던 것입니다.

그런데 우리 주 예수 그리스도는 만왕의 왕으로서 하늘 영광의 보좌 를 내어 놓고 이 세상에 오셔서 우리 인생들의 죄를 대신 지시고 십자 가에 못 박혀 죽으셨습니다. 하나님의 아들이신 예수님은 영원히 영광 과 찬송을 받으시기에 합당하신 주님이십니다.

식탁의 위기

옛날에는 '우리의 식탁 위에 올라오는 먹을거리는 과연 믿을 만한 것들일까?'라는 의구심을 가져본 적이 없습니다. 그러나 지금은 식재료를 구입하면서 원산지가 어디인지, 유전자 조작식품인지 아닌지 따지게 되고, 과연 먹을 만한 것인지 의심을 하게 됩니다.

과거에는 배고프면 아무 식당이나 들어가 먹었지만 지금은 첨가물을 사용하지 않고 좋은 재료를 사용하는 식당들을 찾아다닙니다. 이것이 오늘날 우리의 현실입니다.

1953년 세포 속의 DNA의 구조가 밝혀지고 1970년대 이후 DNA를 자르는 것이 가능해지면서 유전자조작이 가능해졌습니다. 그렇게 만들어진 생명체를 GMO(Genetically Modified Organisms), 즉 유전자조작 생물체라고 부릅니다. 유전자 조작이 벼나 감자, 옥수수, 콩 등의 농작물에 행해지면 유전자조작 농작물이라 부르고, 이 농산물을 가공하면 유전자 조작식품이라고 합니다.

1994년 칼진사(社)의 무르지 않는 토마토가 최초로 미국 식품의약청(FDA)의 승인을 얻어 시판된 이후, 1996년부터 몬산토(社)의 유전자조작 콩이 상업적으로 대규모로 재배되기 시작했습니다. 이후 품목과 비율이 급속하게 늘어나면서 현재 미국 내에서 시판 중인 GMO들은 콩,

옥수수, 감자, 토마토 등 모두 11품목에 이르고 있습니다.

그 대부분은 제초제에 저항성을 갖도록 하거나 해충에 이기기 위하여 자체로 독소를 만들어내도록 유전자 조작한 것들입니다. 문제는 미국에서 가장 많이 유통되는 GMO 품목이, 우리가 가장 많이 수입하는 대두(콩)와 옥수수라는 점입니다.

유전자 조작식품을 옹호하는 사람들은 식량 문제를 해결할 수 있다고 주장합니다. 그러나 식량문제는 양의 문제가 아니라 분배의 문제입니다. 지난 30년 동안의 녹색혁명 기간 동안 식량생산량은 엄청난 증가를 보였지만, 전 세계 기아인구는 오히려 더 늘어났습니다. 현재 식량생산량이 소비량보다 1.5배나 더 많은 상황에서 전 세계의 10억 명이 이 시간에도 굶어 죽어가고 있습니다.

그 와중에도 선진국에서는 사람들이 비만으로 고생하고 있습니다. 지금 세계는 20퍼센트의 사람들이 부를 장악하고 있고, 나머지 80퍼센트의 사람들이 굶고 있습니다. 우리는 배불러서, 더 이상 먹을 수 없어서 숟가락을 내려놓지만 80퍼센트의 사람들은 더 이상 먹을 것이 없어서 숟가락을 놓고 있습니다.

하나님은 인류가 다 먹을 수 있는 양식을 주셨습니다. 이 세상에 굶어 죽는 사람이 있는 것은 하나님께서 주시지 않아서가 아니라 가진 사람들이 나누지 않고 움켜쥐고 욕심을 부리기 때문입니다. 하나님의 방법대로 살아야 합니다. 그 길만이 내가 살고 우리 모두가 사는 길입니다.

chapter 3

빛 가운데로의 초대

어두움을 몰아내는 데 과연 얼마만큼의 빛이 필요할까요? 아주 작은 빛입니다. 그것은 등화관제를 할 때 여실히 들어납니다. 온 동네가 칠흑 같은 어둠 속에 있을 때 어느 집에서 TV를 켰다고 합시다. 그 빛은 어김없이 밖으로 새어나와 어두움의 적막을 깨고 맙니다. 또한 칠흑같이 어두운 밤에 조그만 손전등 하나가 아주 훌륭한 길 안내자가 되어줍니다.

여러분의 주변을 살펴보십시오. 영적인 암흑이 존재하는 곳은 없습니까? 어두움은 아주 작은 빛으로도 물리칠 수 있습니다. 여러분은 조용히 예수님을 따르는 삶을 삶으로써 그 빛의 역할을 해내실 수 있습니다.

세상에 오신 참 빛

예수님은 세상에 오신 빛입니다. 그냥 빛이 아니라 참 빛입니다. 헬라어로 참이라는 말은 '알레세스'로서 거짓에 대응한 진실이라는 뜻과 불완전에 대응한 완전이라는 뜻으로 사용되는 말입니다. 밤에 번쩍번쩍하고 화려한 곳이 있습니다. 나이트클럽입니다. 빛이 사람을 바른 길로만 인도하는 것이 아닙니다. 종교라고 해서 다 빛이 아닙니다.

중국의 대 사상가 임어당(林語堂)은 목사의 아들이었습니다. 그러나 기독교에 회의를 가지고 유교, 도교, 불교, 근대철학, 유물론 등 종교와 사상들을 순례했습니다. 그리고 다시 기독교로 되돌아와서 「이교도에서 기독교도로」라는 책을 썼습니다.

그 책은 임어당의 종교 순례를 보여주고 있습니다. 그는 마지막에 가서 고대 중국의 한 은둔 철학자의 말을 빌려서 예수 그리스도에 대한 신앙을 이렇게 표현했습니다. "해가 떠올랐다. 촛불을 꺼라." 캄캄할 때는 반딧불도 빛이지만 해가 뜨면 다른 빛은 필요가 없습니다. 햇빛으로 충분합니다.

이 세상 어느 종교이든 선을 추구합니다. 그래서 어둔 세상을 밝히는 빛 역할을 했습니다. 그러나 해가 든 이후 다른 빛이 불필요하듯 참 빛이신 그리스도가 오신 다음에는 다른 빛은 더 이상 의미가 없습니다.

참 빛이 비춰면 사람이 변합니다. 바울은 다메섹을 향하여 가다가 밝은 빛으로 나타나신 예수님을 만났습니다. 빛 때문에 바울의 눈이 멀었습니다. 빛 때문에 세상을 보는 눈은 어두워졌지만 하늘을 보는 눈은 밝아졌습니다. 빛 때문에 세상을 버리고 하늘을 얻었습니다. 빛 때문에 세상과 담을 쌓고 세상의 유혹으로부터 멀어졌습니다.

그런데 요한복음 1장 5절을 보면 "빛이 어둠에 비춰되 어둠이 깨닫지 못하더라"고 했습니다. 당시 사람들이 영적으로 얼마나 무지한가를 보여주는 것입니다. 영적으로 무지했던 자로서 가룟 유다를 꼽을 수 있습니다. 그는 3년 동안 빛 되시는 예수 그리스도를 따라다녔으면서도 그 빛을 깨닫지 못하고 은 30에 예수님을 팔아 넘겼던 것입니다.

커튼을 닫아 놓으면 빛이 비추어도 빛이 들어오지 못합니다. 반면에 큰 빌딩에 가려져 곰팡이가 피었던 음지에도 햇빛이 비쳐 들기만 하면 1, 2년 내로 잡초가 우거지고 야생화들이 울긋불긋 피어나는 아름다운 뜰로 바뀌는 것입니다.

빛 가운데 행하라

자동차가 오래 되었다는 것은 햇빛이 비추일 때 확인됩니다. 자동차 앞면 유리에 미세한 흠집이 가득합니다. 그런데 어두운 터널에 들어서면 흠집은 사라지고 깨끗해 보입니다. 그러다보니 자동차를 타고 다니면서 빛과 어둠 속의 삶에 대해 많은 생각을 하게 됩니다. 어둠 속에 있으면 흠집도, 더러움도, 죄도, 상처도, 다 묻힙니다. 그러나 빛 가운데 있으면 모든 것이 환하게 드러납니다. 우리의 심령 가운데 성령의 빛이 비추이면 우리의 모든 죄가 다 드러납니다. 그래서 전에는 죄 없다고 큰소리를 치다가 비로소 자신이 죄인임을 알게 됩니다.

그리스도인과 비(非)그리스도인이 이야기를 하면서 나란히 길을 걷고 있었습니다. 그러다가 그리스도인이 그만 돌부리에 걸려 넘어지고 말았습니다. 너무 아픈 나머지 그리스도인은 불평 섞인 욕을 해댔습니다. 그러나 잠시 후 욕을 했던 것을 회개하면서 "주님, 그리스도인으로서 산다는 것은 때로는 너무 힘이 듭니다"라고 말했습니다. 그러자 옆에서 가만히 지켜보고 있던 비그리스도인이 입을 열었습니다. "여보게 뭘 그런 걸 다 회개하나? 삶을 좀 자유스럽게 살게." 순간 우리는 비그리스도인의 말에 고개를 끄덕일지도 모릅니다. 그러나 조그만 죄에도 민감하게 반응 한다는 것은 그 안에 그리스도의 생명이 있다는 증거입니다.

대다수의 사람들이 자신이 죄를 짓고 있다는 사실을 자각하지 못합니다. 어쩌다 큰 죄를 지을 때에만 죄를 지었다고 생각합니다. 사람들은 작은 죄는 무시합니다. 하지만 큰 돌이든 작은 돌이든 물에 가라앉기가 마찬가지인 것처럼 죄의 결과는 사망입니다. 우리의 신앙이 깊어진다는 것은 죄에 대한 자각이 깊어진다는 것입니다.

'죄의 수학'이라는 것이 있습니다.

더하기(+) : 죄는 문제를 더합니다. 죄 된 방법을 쓰면 점점 더 복잡해지고 골치 아파지는 것입니다.

빼기(−) : 죄는 힘을 빼앗아 갑니다. 죄가 깊어질수록 힘이 빠지게 됩니다.

곱하기(×) : 죄는 아픔을 늘립니다. 죄 된 생활이 마취제가 되어 잠시 고통을 잊을 수는 있으나 마취가 깬 뒤에는 아픔이 이전보다 훨씬 더 커집니다.

나누기(÷) : 죄는 이웃과의 사이를 나눕니다. 가족까지 쪼개집니다. 친구도 잃게 합니다. 결국 영혼을 갈기갈기 찢어버립니다.

죄가 이렇게 무서운 것인데도 사람들은 무심코 죄를 짓고 삽니다. 우리는 죄를 청산해야 합니다. 결단하고 어둠에서 빛으로 나와야 합니다. 요한복음 3장 20절을 보면, "진리를 따르는 자는 빛으로 오나니 이는 그 행위가 하나님 안에서 행한 것임을 나타내려 함이라 하시니라." 진리를 따르는 자는 빛을 사랑합니다. 빛을 사랑하고, 빛 가운데 행하며 빛의 열매를 맺는 성도들이 됩시다.

다양한 촛불의 용도

전기의 발견으로 밝은 세상이 되었지만 여전히 촛불이 사용되고 있습니다. 촛불의 용도와 의미는 다양합니다.

촛불은 대체로 낭만을 의미합니다. 가끔씩 전등을 끄고 탁자에 촛불을 켜고 부부가 마주 앉아 차 한 잔을 기울여 본다면 또 다른 맛이 있을 것입니다.

예전에는 종교 행위에 촛불이 없어서는 안 되었습니다. 불당에 촛불을 켰고, 교회의 예배나 미사의 시작 전에 촛불을 키는 곳이 많았습니다. 촛불의 의미는 다양합니다. 오랜 옛적부터 신의 임재를 불로 상징해왔습니다.

옛날 유럽의 한 철학자가 촛불을 대 낮에 켜서 등을 들고 다녔다고 합니다. 사람들이 물었습니다. "당신은 대낮에 왜 촛불을 켜서 다니는 거요?" 그는 대답했습니다. "하도 세상이 어두워서 그럽니다."

시각 장애자가 촛불을 들고 나섰습니다. "왜 당신은 보지도 못하면서 촛불을 들고 다니는 거요?" 그러자 그는 "'내가 간다는 사실을 다른 사람에게 알려주기 위해서지요"라고 말했습니다.

촛불은 자기 몸을 태워 빛을 냅니다. 촛불은 자기는 희생당하고 남에게 빛을 발하는 살신성인의 뜻을 지니고 있습니다.

그런데 어느 때인가부터 촛불이 묘지 앞에 놓이면서 추모하는 의미로 사용됐고, 국민이나 어떤 단체가 자기들의 뜻을 전하는 수단으로 사용하였습니다.

자기의사를 표현 하는 것은 표현의 자유가 있는 사람들의 자기표현이라 누가 말할 이유는 없습니다. 그러나 그 다음에 문제가 발생했습니다. 엄숙하고 숭고한 낭만적인 촛불을 손에 들고 자기의 감정을 태워 내리며 화해와 용서와 이해로 돌아가는 것이 아니라 오히려 배척하고 공격하며 폭력적 마음이 되는 것을 보면서 촛불의 의미가 퇴색되는 것 같았습니다.

주일 이른 아침 촛대를 정갈하게 닦고, 그 위에 새 초를 꼽고 성부와 성자와 성령의 이름으로 촛불을 켜면서 하루 예배를 시작합니다. 이러한 평화와 사랑, 하나님의 은총을 바라보는 촛불만 경험한 사람들은 사뭇 뜻이 다른 촛불 문화행사를 보면서 충격을 받을 수밖에 없습니다.

우리는 가식적인 촛불보다 진정한 빛으로 오신 예수님의 사랑의 빛으로 살아가는 성도가 되십시다.

무조건의 사랑

어떤 사람이 급한 볼일이 있어 어두운 밤길을 등불도 없이 걷다가 그만 깊은 웅덩이에 빠졌습니다. 인적이 드문 산속 웅덩이에 빠진 그는 "사람 살려주세요!"라고 계속해서 외쳤습니다. 한참 뒤에 한 나그네가 와서 웅덩이를 내려다보며 어찌하여 그곳에 빠지게 되었는지 물었습니다.

경위를 들은 그는 "밤에 일을 볼 때는 반드시 등불을 가지고 다니라 했는데 그 말을 듣지 않고 그리 되었으니 실수한 값을 받으시오"하고는 그냥 지나쳤습니다.

또 다른 나그네가 다가와서 경위를 듣고는 묻기를 "당신 살아오면서 깊은 곤궁에 빠진 사람을 구해 준 적이 있소?"라고 물었습니다. 없다고 대답하자 "당신도 곤궁에 처한 사람의 위험을 무릅쓰고 구해 준 적이 없으니 나도 그리 하겠소. 그것이 공평한 것이 아니오?"라고 반문하며 그냥 지나갔습니다.

다시 한참 뒤에 또 다른 나그네가 다가와서 그 광경을 보고는 경위도 묻지 않고 웅덩이로 뛰어내려 엎드리며 말했습니다. "내 등을 밟고 어서 올라가시오. 당신의 가족들이 얼마나 당신을 기다리고 있겠소?"

웅덩이에 빠진 이가 물었습니다. "당신은 어떻게 하고요?"

"내 걱정은 말고 어서 올라가시오. 그리고 다시는 이런 곳에 빠지지 않도록 조심하시오"라고 말하며 그를 강권하여 웅덩이를 빠져 나가게 했습니다.

첫 번째 나그네는 공자입니다. 그는 인간들에게 바른 삶의 도리를 가르쳐 준 인생의 스승입니다. 두 번째 나그네는 석가모니입니다. 그는 인간들에게 선한 업을 쌓으며 살 것을 가르쳐 준 철학자입니다. 하지만 이런 훌륭한 가르침이 이미 웅덩이에 빠진 사람에게 무슨 소용이 있었습니까?

세 번째 나그네는 예수님입니다. 예수님은 무조건적으로, 또한 일방적으로 먼저 우리를 찾아오셨습니다. 그리고 우리의 죄를 위해 십자가에서 당신의 몸을 버려 우리를 구원하셨습니다.

예수님의 십자가 사건은 2천 년 전의 사건입니다. 그러나 예수님의 십자가 사랑은 전 인류 모든 세대를 위한 것입니다. 그렇기 때문에 예수님의 십자가 사랑은 시대를 초월하여 성령의 감화 감동을 통해서 시대를 초월하여 경험할 수 있습니다.

십자가 효과로 살자

남극의 펭귄들은 짝짓기를 위해 은밀한 장소인 '오모크'로 길게 무리를 지어 며칠 동안 이동을 합니다. 펭귄은 1년에 한 개의 알을 낳습니다. 알을 낳은 암컷은 수컷에게 알을 맡기고 먹이를 구하러 바다로 갑니다.

영하 60도의 혹한에서 수컷은 알을 자신의 발에 올려놓고 털로 덮어서 부화시킵니다. 새끼가 알에서 깬 후 잠시도 얼음 위에 내려놓지 않고 품어서 키웁니다. 새끼는 아빠 펭귄이 토해주는 먹이를 먹습니다. 그러는 동안 아빠 펭귄의 무게는 절반 정도로 줄어듭니다. 이렇게 추운 겨울에 알을 낳는 이유는 6개월 정도 자라면 부모 곁을 떠나게 되는데 먹이를 구하기 쉬운 여름철에 떠나도록 하려는 것입니다.

먹이를 구하러 바닷가에 온 암컷들은 쉽게 바다에 뛰어들지 못합니다. 천적인 바다사자가 펭귄을 잡아먹으려고 기다리고 있기 때문입니다. 횡대로 길게 늘어선 펭귄 중 한 마리가 배고픔을 참지 못해 뛰어들면 그는 바다사자의 먹이가 됩니다. 이런 펭귄의 희생을 마케팅에서는 '펭귄 효과'라고 합니다.

고객들은 새로운 상품이 나오면 쉽게 구매를 하지 않습니다. 먼저 구입해서 너무 튀거나, 값이 내려가거나, 더 좋은 기능의 신제품이 나올 수 있다는 생각에 구매를 지연합니다. 그러다 누군가가, 특히 유명한 사람이 구매를 하게 되면 뛰어들어 구매합니다. 그래서 판매사 측은 돈이 많이 들더라도 유명한 모델을 쓰려고 합니다. 우리는 상품 값에다 '구매 지연'의 비용까지 지불하고 구입하는 어리석음을 범합니다. 교회가 프로젝트를 감당할 때도, 회사가 기부금을 낼 때도 '헌신 지연'이 있습니다. 눈치를 보다가 한 마리의 펭귄이 뛰어들면 그때서야 적당한 헌신을 합니다.

이렇게 생각하는 그리스도인이 있다면, 자기모순에 빠진 환자 수준입니다. 그의 믿음이 너무 잘못된 것이든지 예수님이 인류 역사상 최고의 바보든지 둘 중의 하나입니다. 베드로는 예수님이 십자가를 질 때 멀찍이 따랐습니다. 여기서 물리적인 거리는 영적인 거리가 벌어져 있음을 의미합니다. 예수님과의 멀어짐은 '혈연 지연'에서 배신으로 이어졌습니다.

예수님은 왕이요, 메시아요, 하나님의 아들이십니다. 그분의 '십자가 효과'는 이 세상을 이렇게나마 존재하게 하는 유일한 대안입니다. 세상을 아름답게 하는 단 하나의 길입니다. 어두움을 밝힐 진리입니다.

먼저 뛰어든 펭귄의 '펭귄 효과'로 다른 펭귄들이 살 수 있듯이 우리는 '십자가의 효과'로 살아 있습니다. 우리가 교회와 사회에서 '십자가 효과'를 삶으로 전달하지 않는다면 수난주간에 드리는 금식과 눈물은 가증한 것이 되고 맙니다. '헌신 지연'을 하고 있다면 우리가 믿는 예수님은 누구시며 그분의 십자가는 무엇이란 말입니까?

먼저 물에 뛰어들어야 합니다. 펭귄은 죽지만 우리는 죽지 않습니다. 죽어도 다시 삽니다. 예수님은 먼저 뛰어드는 사람에게 능력을 주실 것입니다. 이 시대는 '십자가 효과'를 전하는 사람을 필요로 합니다. 그리고 그로 더불어 먹고 그로 더불어 살게 될 것입니다.

서로 사랑하라

어떤 사람은 베풀려고만 합니다. 남에게 받으려고 하지 않습니다. 받지 않고 베풀려고만 하는 것은 어떻게 보면 교만입니다. 반면에 어떤 사람은 받으려고만 합니다. 남에게 주지 않고 받으려고만 하는 것은 이기적인 것입니다. 성경은 '서로'를 강조합니다. 서로 주고받을 때 좋은 인간관계를 맺고 은혜로운 신앙생활을 할 수 있습니다.

사랑도 서로 해야 합니다. 예수님은 제자들에게 "내가 너희를 사랑한 것 같이 너희도 서로 사랑하라"(요 15:12)고 말씀하셨습니다. 훗날 예수님의 제자 베드로는 그의 서신을 통해 "무엇보다도 뜨겁게 서로 사랑할지니 사랑은 허다한 죄를 덮느니라"(벧전 4:8)고 했습니다.

여기서 '서로'라고 하는 말은 사랑할만하거나 친근하거나, 같이 있으면 재미있는 사람들만을 가리키는 것이 아닙니다. 이것은 모든 사람들, 심지어는 사랑스럽지도 친근하지도 않은 사람들까지 가리키는 것입니다. '서로'라고 하는 말은 듣기는 좋은데 행하기는 무척 어려운 말입니다.

어떻게 인간의 마음이 동시에 움직여서 서로 똑같이 위해 주고 똑같이 사랑할 수 있겠습니까? 누군가가 먼저 시작하고 나머지 사람이 그것을 깨달았을 때 '서로'가 시작되는 것입니다.

사람들은 "당신이 먼저 사랑해야 나도 한다. 당신이 나를 그런 식으로 대접하는데 내가 어떻게 당신을 잘 대접할 수 있겠느냐, 당신이 먼저 잘 하시오. 그러면 나도 하겠소"라고 하면서 먼저 하라고 합니다.

그러나 서로의 진정한 출발점은 나로부터여야 합니다. 내가 먼저 열심히 사랑하고, 내가 먼저 용서하고, 내가 먼저 할 일을 찾아 봉사할 때 '서로'가 시작되는 것입니다. 그래야 상대방도 나의 사랑에, 나의 대접에, 나의 봉사에 응답해 오는 것입니다. 응답할 뿐 아니라 그 다음엔 자기가 먼저 사랑하고, 대접하고, 봉사하려고 할 것입니다. 내가 먼저의 은혜를 받고 서로 사랑하는 역사를 만들어 가는 성도들이 됩시다.

부요함과 부족함

하나님은 우리가 부요하게 살기를 원하십니다. 그러나 부요하다고 해서 반드시 행복한 것은 아닙니다. 부요할 때는 잃어버릴 확률이 많습니다. 어떤 사람은 자신이 누리고 있는 부요를 잃어버릴까 봐 노심초사하며 살기 때문에 마음에 평안이 없습니다. 반면에 부족하다고 해서 다 불행한 것은 아닙니다. 부족할 때는 얻게 될 확률이 많습니다. 부족한 자는 얻고자 노력하면서 기대와 희망으로 살 수 있습니다.

우리는 부요함과 부족함에 모두 적응할 줄 알아야 합니다. 그것이 바로 바울이 말한 자족의 비결입니다. 바울은 "내게 능력 주시는 자 안에서 내가 모든 것을 할 수 있느니라"(빌 4:13)고 선언했습니다. 흔히 이 말씀은 신념을 강조하는 데 오용되고 있습니다.

이 말씀의 진정한 의미는 바로 앞의 "내가 궁핍하므로 말하는 것이 아니라 어떠한 형편에든지 나는 자족하기를 배웠노니 나는 비천에 처할 줄도 알고 풍부에 처할 줄도 알아 모든 일 곧 배부름과 배고픔과 풍부와 궁핍에도 처할 줄 아는 일체의 비결을 배웠노라"(빌 4:11-12)는 말씀으로 분명해 집니다.

중요한 것은 '내게 능력 주시는 자 안에서'입니다. 사람으로서는 하기 어렵지만 하나님께서 능력을 주시면 궁핍하든지 풍부하든지 상관없이 자족하며 살 수 있다는 것입니다. 바울은 이 비결을 배웠습니다. 그랬기 때문에 로마 옥중에 있으면서도 성도들에게 기뻐하라고 권면할 수 있었던 것입니다.

산업화가 이루어지기 전 우리나라는 전 세계에서 가장 못 사는 나라 중의 하나였습니다. 우리는 해마다 보릿고개를 힘겹게 넘어야 했습니다. 먹을 것이 부족하던 어린 시절을 생각해보면 요즘 우리는 현실이 믿어지지 않을 정도로 잘 먹고, 잘 입고, 부족함이 없이 잘 살고 있습니다.

지금의 극빈자라고 생각하는 사람들의 식단이 그 옛날의 웬만한 부자들보다 훨씬 나을 것입니다. 그렇지만 상대적인 빈곤의식으로 인하여 대다수의 사람들이 스스로 자신을 빈곤하다고 생각하며 감사를 잃어버리고 삽니다.

행복은 환경에 달려 있는 것이 아닙니다. 얼마나 많이 가졌느냐가 아니라 인생 태도에 달려 있습니다. 하버드대학교 교수였던 윌리엄 제임스는 "우리 세대의 가장 큰 발견은, 인간은 태도를 바꿈으로써 자신의 인생을 바꿀 수 있다는 것이다"라고 말했습니다. 우리의 인생 태도가 잘못된 것이라면 우리는 태도를 바꿈으로써 인생을 바꿔야 합니다. 우리는 바울과 같이 자족할 수 있는 비결을 배워야 합니다.

풍부할 때는 감사와 겸손으로 나누고 베풀며 살아야 합니다. 그리고 부족할 때는 희망과 믿음으로 기뻐하며 행복하게 살아가는 성도들이 됩시다.

내가 너를 손바닥에 새겼고

세라 페일린 전 알래스카 주지사가 테네시 주 내쉬빌에서 열린 보수단체 총회에서 연설을 하는 도중 손바닥에 '에너지, 세금감면, 미국인의 정신고양'이라는 단어를 쓴 것이 카메라에 잡혀 망신을 당한 적 있습니다. 지금도 손바닥이 메모지로 사용되는 것이 흥미롭습니다.

메모지가 흔하지 않았던 시절, 사람들은 종종 손바닥을 메모지로 사용했습니다. 길거리에서 오랜만에 반가운 사람을 만나면 볼펜을 꺼내서 손바닥, 혹은 팔뚝에 진하게 그의 전화번호를 적곤 했습니다. 그러다가 그만 손바닥에 적은 것이 땀에 지워지기라도 하면 그 글자를 되살리기 위해 애간장을 태우기도 했습니다.

그러나 손바닥에 새기면 어떨까요? 손바닥에 새긴 것은 지워지지 않아서 언제나 볼 수 있습니다. 절대로 잊을 수 없습니다. 그래서 사람들은 절대 잊지 않겠다는 의지의 표현으로 자신의 몸에 문신을 합니다.

흑인은 흑인인데, 여느 흑인 친구들에 비해 얼굴색이 유난히 하얀 아이가 있었습니다. 그는 학교 수업이 끝나면 어머니를 피해 숨기 바빴습니다. 어머니는 여기 저기 아들을 찾아 다녔고, 아들은 항상 친구들이 모두 사라진 뒤에야 모습을 드러냈습니다. 영문을 모르는 어머니는 그래도 아들을 만날 수 있음에 늘 행복했습니다.

그가 바로 미국 프로풋볼의 영웅 하인스 워드입니다. 그는 어린 시절 자신의 핏줄과 피부색을 감추고 싶었습니다. 방과 후 어머니가 자기를 데리러 올 때 얼른 숨은 것도 다른 친구들이 자기 어머니가 동양인이라는 사실을 알까 두려웠기 때문이었습니다.

그러나 이제 하인즈 워드는 자신의 몸속에 한국인의 피가 흐르고 있는 것을 오히려 자랑과 긍지로 여깁니다. 그는 근육으로 울퉁불퉁한 그의 오른 팔에 자신의 이름 '하인스 워드'를 서툰 한글 문신으로 새겨 넣었습니다. 그는 이 문신에 대해 "내가 미국인이면서도 한국인이라는 사실을 알리기 위해 새긴 것이며, 내 몸에 한국인의 피가 흐른다는 사실이 자랑스럽다"라고 말했습니다.

사람들이 약속하는 방법은 다양합니다. 어릴 때는 새끼손가락을 걸어 약속합니다. 어른들은 문서에 기록하고 도장을 찍어 약속합니다. 젊은 연인들은 똑같은 반지에 이름을 새겨 약속합니다. 모두 약속을 잊지 않고 지키겠다는 다짐들입니다.

그러나 이해관계에 따라 얼마든지 약속을 깨뜨리는 것이 인간입니다. 형편상 어쩔 수 없이 약속을 못 지키는 경우도 많습니다. 그런데 하나님은 손바닥에 우리 이름을 새겨놓고 항상 들여다보며 잊지 않고 기억하신다는 것입니다. 우리가 어떤 환경에 처하든지 하나님은 우리 이름을 손바닥에 새겨 놓으시고, 항상 지켜보시고, 영원히 기억하고 계십니다. 항상 우리 앞에 함께 계시고, 지키시고 보호하십니다. 잊지 말고 기억하십시오. 우리는 하나님의 손바닥에 새겨진 하나님의 자녀들입니다.

올바른 판단

우리는 인생을 살면서 무수히 많은 결정을 내리며 살아야 합니다. 그 결정에 따라 인생의 성공과 실패가 좌우됩니다. 특히 생(生)과 사(死)의 갈림길에 섰을 때는 그 어느 때보다 정확한 판단과 결단이 중요합니다.

사도행전 27장을 보면 바울이 탄 배가 유라굴라 풍랑을 만나는 이야기가 나옵니다. 바울은 여행 경험이 많은 사람이었습니다. 바울은 전도 여행 중 바다에서 세 번이나 파선을 당한 일이 있었습니다(고후 11:25). 그는 이런 경험에 의지하여 항해를 반대했습니다. 바울은 여행에 있어서는 선장과 선주와 같은 전문가를 능가하는 지식과 경험을 가지고 있었습니다.

더구나 바울은 영적으로 민감한 사람이었기 때문에 성령의 감동에 의해 선장과 선주의 무리한 항해에 대해 경고했습니다. "내가 보니 이번 항해가 하물과 배만 아니라 우리의 생명에도 타격과 많은 손해를 끼치리라"(행 27:11)고 했습니다.

그러나 선장과 선주는 바울의 말을 듣지 않았습니다. 그들은 바울을 향하여 "우리는 평생 바다에서 산 사람이고 배를 가지고 먹고 사는 사람인데 네가 무엇을 안다고 떠드느냐"는 식으로 바울에게 핀잔을 주고 무시했던 것입니다.

선주와 선장은 자신의 경험을 앞세웠고, 백부장은 믿음의 선택과 합리적인 선택 앞에서 전문가의 말을 좇아 합리적인 선택을 했고, 많은 사람들은 당장 육신의 편안함만을 생각했습니다. 많은 사람들은 이 항구가 좁으니 좀 더 넓은 뵈닉스에 가서 겨울을 보내자고 주장했습니다.

많은 사람이 주장한다고 해서 다 옳은 것은 아닙니다. 다수결로 하기로 하면 이스라엘은 가나안을 정복할 수 없었습니다. 가나안을 정복하고 돌아온 열 두 명의 정탐꾼들 중에서 열 명이 할 수 없다고 했기 때문입니다. 예수님은 멸망으로 가는 길은 넓은 문이요, 넓은 길이라고 했습니다.

사람들이 하나님의 사람 바울의 말을 들었더라면 유라굴라 태풍을 만나지 않았을 것입니다. 그러나 사람들은 바울의 말을 무시했습니다. 하나님의 말씀을 외면했습니다. 이로 인해 바울이 탄 배는 고난을 당하게 되었습니다.

그러나 바울로 인해 하나님께서 그 배의 선장이 되셨을 때 배 안에 타고 있던 사람들은 한 사람도 죽지 않고 구원을 받을 수 있었습니다. 하나님을 선장으로 모시면 우리 인생길이 안전합니다. 하나님을 우리 인생의 선장으로 모시고 살아가는 성도들이 됩시다.

천국의 열쇠

과거에 수동 변속기를 사용할 때 차를 몰고 복잡한 도로를 다니려면 쉴 새 없이 기어 변속을 해야 했습니다. 운전자의 손과 발이 얼마나 분주했었는지 모릅니다. 그러다가 자동 변속기 차량이 등장하면서 우리는 그 편리함에 감탄을 했었습니다.

최근 자동차의 변신은 깜짝 놀랄 정도입니다. 첨단 전자시스템 적용이 가속화되면서 요즘 나오는 자동차는 얼마나 편리한지 모릅니다. 얼마 전 새 차를 갖게 되었는데 자동차에 다가가면 불이 켜지고, 터치만 하면 문이 열립니다.

얼마 있으면 인공 지능의 무인운전 시스템 자동차, 하늘을 나는 자동차가 나올 것 같습니다. 자동차의 전자화가 어디까지 가게 될지 궁금합니다.

누구든지 자동차 키를 가지면 그 자동차는 그 사람에 의해 문이 열리고 작동합니다. 자동차가 누구의 소유이든 상관없습니다. 결국 자동차의 주인은 열쇠를 가진 자입니다. 이 사실은 우리 신앙생활에 있어서 중요한 교훈을 줍니다.

하나님은 우리를 지으신 분이시고, 우리의 주님이십니다. 그러나 하나님이 우리의 주가 되고 못 되고는 우리에게 달려 있습니다. 우리가 하나님을 주로 인정하면 주가 되시지만 그렇지 않으면 주가 되실 수 없습니다. 우리에게 열쇠가 주어져 있습니다.

이 세상에 왜 불신앙이 팽배하고 온갖 죄악이 넘쳐날까요? 자유의지라는 열쇠를 잘못 사용하는 자들 때문입니다. 모든 존재의 기원은 창조주 하나님이시지만 죄의 기원은 인간의 자유의지의 왜곡으로 인한 것입니다.

우리가 열심히 전도를 해도 상대방이 마음을 열지 않으면 소용이 없습니다. 누가 구원을 받습니까? 주의 이름을 부르는 자입니다. "누구든지 주의 이름을 부르는 자는 구원을 받으리라 하였느니라"(행 2:21). 간혹 하나님이 누구는 구원하고 누구는 구원하지 않느냐고 불평하지만 각자에게 구원의 열쇠가 주어져 있습니다.

천국의 열쇠를 가진 사람이 천국의 주인으로 살 수 있습니다. 그러면 천국의 열쇠는 무엇일까요? '주는 그리스도시요 살아계신 하나님의 아들이십니다'라는 이 고백을 품고 사는 삶입니다.

많은 재산이나 좋은 조건을 갖고도 불행한 사람들이 적지 않습니다. 반대로 악조건 가운데서도 오히려 행복한 사람들도 많이 있습니다.

그러면 과연 행복은 어디에 있는 것일까요? 감사하는 사람의 마음속에 있습니다. 행복을 위해 우리가 할 수 있는 게 무엇일까요? 환경 조건을 바꾸려는 노력보다 감사하는 마음을 가지려는 노력이 중요합니다. 우리 인간의 구원, 영원한 천국, 이 세상에서의 행복, 이 모두가 우리 자신에게 달려 있습니다. 우리에게 열쇠가 주어져 있습니다.

뿌린 대로 거둔다

우리는 해마다 점점 변해가는 한반도 기후의 변화를 몸으로 느끼고 있습니다. 봄과 가을이 짧아지는 반면에 여름이 길어지고 있습니다. 얼마 전부터 전문가들이 한반도 기후가 아열대 기후로 변화될 것이라고 말했는데, 이미 목포 완도 여수 통영 거제 창원 부산 울산 포항이 아열대기후 지역으로 분류됐습니다.

지구온난화의 가장 큰 영향을 받는 지역은 북극입니다. 지난 30년 동안 북극 평균 기온은 3도나 올랐고, 북극 바다를 뒤덮은 얼음 면적은 역사상 최소치로 떨어졌습니다. 특히, 걱정되는 것은 몇 년 동안 두껍게 얼어있는 다년생 얼음은 줄고 해마다 얼었다 녹았다를 반복하는 얇은 1년 생 얼음이 많아지고 있다는 것입니다.

다년생 얼음은 두껍고 얼음층 구조가 치밀해 쉽게 녹지 않습니다. 반면 1년생 얼음은 두께가 얇기 때문에 기온이 조금만 올라가도 쉽게 녹아내립니다.

지금의 온난화 추세가 이어질 경우 2050년쯤엔 기온이 올라가는 여름에 북극해 얼음이 모두 녹고, 그 결과 다년생 얼음은 완전히 사라질 전망입니다. 가장 큰 문제는 북극해 가운데 겨울철 한반도 날씨에 큰 영향을 주는 카라해와 바렌츠해 일대가 대부분 1년생 얼음으로 덮여 있다는 것입니다.

우리나라 여름의 또 하나의 변화는 장마가 사라지고 열대성 폭우가 내리는 것입니다. 요즘 한반도의 여름철 비는 동남아시아 열대성 기후에서 볼 수 있는 폭우인 스콜과도 비슷한 형태로 짧은 시간동안 엄청난 양의 강수량을 보여주고 있으며, 그 양은 해마다 신기록을 세우고 있습니다.

또한 태풍의 강도는 점점 커지고 있고 따라서 그 피해도 점점 늘어나고 있습니다. 열대성 전염병도 크게 늘어날 것이라고 합니다. 폭우가 쏟아지면 홍수나 산사태 같은 대형 재난도 빈번해질 수밖에 없습니다.

우리나라 뿐 아니라 지구 전체가 한파, 폭염, 태풍, 가뭄으로 신음하며 그 피해가 점점 심각해지고 있습니다. 이러한 자연 현상은 뿌린 대로 거두는 것입니다. 인간이 자연을 파괴한 대가로 주어지는 것입니다.

우리 몸이 자생력을 가지고 있듯이 자연도 스스로 정화하고 치유하는 능력을 가지고 있습니다. 자연은 놔두면 스스로 생명의 역사를 나타내지만 사람이 손을 대면 망가지고, 파괴되고 그 대가는 고스란히 다시 사람들에게로 되돌아옵니다.

돈이 사람의 손에 들어가면

돈이 들어가면 무엇이든 좋아집니다. 낡은 집도 리모델링 하고 인테리어를 새로 하면 멋있어집니다. 우리 교회도 돈이 들어가니 더 쓸모 있고 아름답게 변했습니다. 그러나 사람의 손에 돈이 들어가면 그 손은 추해집니다. 움켜쥐려고만 하기 때문입니다. 사람의 마음에 돈이 들어가면 그 마음이 망가집니다.

골치 아픈 문제와 씨름해야 하는 왕은 늘 우울했습니다. 그러나 왕궁 이발사는 늘 행복했습니다. 밝은 이발사의 모습을 부러워한 왕이 "어떻게 너는 그리 행복할 수 있느냐"고 물었습니다. 이발사는 "임금님의 이발을 하는 왕궁 이발사니 보람도 있고 하고 싶은 일을 하고 있으니 너무나 행복합니다"라고 대답했습니다. 그 이야기를 신하에게 했더니 한 신하가 "왕이시여, '99의 덫'을 한번 놓아보시지요"라고 제의했습니다. 왕은 그 말대로 하기로 하고 다음 날 이발사를 만나 그동안의 노고를 치하하며 은전 99냥을 상으로 주었습니다. 이발사는 기대치 못한 선물에 너무나 좋아했습니다.

그런데 문제는 그 다음 날 발생했습니다. 이발사의 인상이 굳어지고 얼굴이 어두워져 있었습니다. 왜 그런가 하고 살펴보았더니 이발사는 은전 99냥을 받은 후에 100냥을 채우고 싶은 욕심에 빠졌습니다. 은전

1냥을 마련하기 위해 식사도 줄여가며 돈을 모으기에 혈안이 되는 순간 불행해지기 시작한 것이었습니다.

돈 때문에 교만해지고, 돈 때문에 비굴해지고, 돈 때문에 양심을 팔고, 돈 때문에 형제지간에 싸움이 나고, 돈 때문에 사랑을 저버리고, 돈 때문에 불행해집니다. 그래서 성경은 "돈을 사랑함이 일만 악의 뿌리가 되나니 이것을 탐내는 자들은 미혹을 받아 믿음에서 떠나 많은 근심으로써 자기를 찔렀도다"(딤전 6:10)라고 말씀합니다.

성경은 돈, 재물에 대한 많은 교훈을 하고 있습니다. 예수님은 "한 사람이 두 주인을 섬기지 못할 것이니 혹 이를 미워하며 저를 사랑하거나 혹 이를 중히 여기고 저를 경이 여김이라 너희가 하나님과 재물을 겸하여 섬기지 못하느니라"(마 6:24)고 말씀하셨습니다.

사람의 마음도 마찬가지입니다. 사람은 이것과 저것 두 가지를 동시에 사랑할 수 없습니다. 에로스의 사랑은 배타적인 것입니다. 어느 하나를 사랑하면 다른 것에 대해서는 상대적으로 무관심해지는 것입니다. 그렇기 때문에 예수님은 사람이 돈을 미워하며 하나님을 사랑하든지 아니면 돈을 중히 여기며 하나님을 경이 여기든지 하는 것이지 하나님과 재물을 겸하여 섬기지 못한다고 하셨습니다. 어느 하나를 선택하라는 제안이 아니라 한 주인 하나님만 섬기고 다른 한 주인 돈을 제자리로 끌어내리라는 것입니다. 그러나 돈이 주인이 되면 사람이 사람으로 보이지 않고 돈으로 보입니다. 이용 가치만을 따집니다. 사람들이 적으로, 경쟁 대상으로만 보입니다. 하나님이 우리 마음의 주인이 되어야 합니다.

비우고, 채우고, 나누자

어떤 사람이 미국 사람들의 라이프스타일을 조사했습니다. 평균 75년 정도를 산다고 가정하고, 그 75년을 어떻게 사용하며 사는지 설명했습니다.

사람들은 20년은 잠자는 데, 20년은 일하는데, 7년은 노는데, 6년은 먹는데, 5년은 텔레비전 보는데, 5년은 내가 어떤 옷을 입을 것인가 고민하며 옷을 사는 쇼핑에 시간을 보내고, 3년은 누군가를 만나고 기다리는 일에 소모하고, 2년 반은 화장실에서, 2년 반은 잡념과 잡생각을 위해서 그리고 일생 중 2년은 커피를 마시는 일에, 그리고 1년은 전화받는 일 등에 75년의 시간을 사용한다고 합니다.

하나님 앞에 서면 우리의 모든 삶에 대해서 판단을 받게 됩니다. 장차 하나님 앞에 서서 우리의 삶을 결산한다면 우리는 어떤 판단을 받게 될까요? 우리 인생에서 우리에게 가장 소중한 것이 무엇인지 다시 생각해 보아야 할 필요가 있습니다.

육의 라이프 스타일은 '먹고, 일하고, 자고'입니다. 평생 반복되는 일입니다. 사람들은 일을 대단하게 생각합니다. 일이 많아서 바쁘면 자신이 대단한 존재인양 착각하며 삽니다. 그러나 그 일이라는 것이 무엇입니까?

예수님은 "썩을 양식을 위하여 일하지 말고 영생하도록 있는 양식을 위하여 하라"(요 6:27)고 말씀하셨습니다. 사람들의 일은 썩을 양식을 위한 일입니다. 그런 일로 하나님 앞에서 무슨 상을 받을 수 있겠습니까? 양식을 위해서 일한다면 인간의 삶이라는 것은 결국 먹고 자고는 것으로 압축됩니다. 이것이 인간 삶의 전부입니다. 그야말로 허무한 것입니다.

반면에 영의 라이프 스타일은 '비우고, 채우고, 나누고'입니다. 사람들의 마음속에는 자기 사랑과 욕심으로 가득합니다. 마음을 비우고, 욕심을 버려야 합니다. 대신에 성령으로 채우고, 주님의 마음으로 채우고, 말씀으로 채워야 합니다. 그리고 나눠야 합니다.

사람들이 나누지 못하는 것은 내 것이라고 생각하기 때문입니다. 내가 뼈골 빠지게 일해서 모은 돈이라고 생각하기 때문입니다. 그러나 따지고 보면 내 것이라고는 아무 것도 없습니다. 모두 주님께로부터 받은 것입니다. 심지어 생명까지도 하나님의 것입니다. 내 생명도 아닌데 억지로 더 살려고 몸부림치는 것은 잘못입니다.

하나님의 뜻은 우리가 서로 나누며 사는 것입니다. 먹고 살만 하면 가진 재물을 어려운 이웃을 위해 나누고, 은사와 달란트를 나누고, 은혜를 나누고, 삶의 경험을 나누고, 주님께 받은 사랑을 나누고, 어려움을 통해 터득한 따뜻한 위로를 나누며 살아야 합니다.

머지않아 우리는 주님을 만나게 될 것입니다. 주님이 오시든지 우리가 죽어 주님 앞에 가든지 어쨌든 만나게 될 것입니다. 세월은 쏜 살과 같습니다. 우리는 어떻게 살아야 할까요? 어떻게 죽을 준비를 해야 할까요? 비우고, 채우고, 나누는 성도들이 됩시다.

고요하고 평온한 영혼

우리는 고요하고 평온한 삶을 원합니다. 그런데 고요하고 평온한 삶이 쉽지 않습니다. 잔잔한 호수에 돌을 던지면 파문이 일어납니다. 우리 가슴에 파문을 일으키는 돌은 무엇일까요? 누군가에 의해서 영혼의 고요함과 평온함이 깨어지기도 하지만 많은 경우 스스로 그 상태를 깨뜨립니다.

옥스퍼드대학의 진화인류학 교수인 로빈 덤바는 「사람에게는 몇 명의 친구가 필요한가?」라는 책을 냈습니다. 그는 그 책에서 150명이 라고 말하고 있고, 그 150의 숫자를 덤바 넘버라고 합니다. 그가 주장하는 바는 긴밀한 관계를 가질 수 있는 가족, 친구의 최고수가 약 150명이라는 것입니다.

사람마다 친구의 숫자는 다를 수 있지만 평균적으로 150-200명을 넘어서면 교제에 제약이 따르기 시작하고 이 범위를 벗어나는 사람은 '지인' 정도의 레벨로 떨어지게 된다는 것입니다.

베드로가 부활하신 예수님의 말씀에 따라 그물을 던졌을 때 잡힌 고기는 153마리였습니다. 그물이 찢어지지 않았습니다. 교회의 성도 수도 이 정도가 적당합니다. 더 많으면 감당이 안 되어 찢어질 수 있습니다.

오늘날 사람들의 목소리로 시끄러운 교회가 얼마나 많습니까? 그러다 보니 교회가 세상으로부터 손가락질을 받습니다. 그런데도 깨닫지 못하고 여전히 바벨탑을 쌓고 있습니다. 바벨탑인 증거는 시끄러움입니다. 언어의 혼잡으로 말이 통하지 않으니까 시끄러웠습니다. 오늘날 교회가 성도들 간에 다툼이 있고, 서로 고소고발하며 시끄러운 것은 이미 그 교회가 공동체가 아니라는 증거입니다.

가족과 같은 공동체, 믿음과 소망과 사랑의 공동체는 100-200명이 적당합니다. 그래야 건강한 교회가 될 수 있습니다. 예수님은 풍랑 속에서도 잠을 잘 수 있었습니다. 영혼이 고요하고 평안했기 때문입니다. 우리의 영혼도 고요하고 평온해야 합니다. 만약 그렇지 못하다면 교만과 오만이 파문을 일으키고 있음을 깨달아야 합니다.

바울은 말하기를 "하나님의 나라는 먹는 것과 마시는 것이 아니요 오직 성령 안에 있는 의와 평강과 희락이라"(고전 14:17)고 했습니다. 평안한 마음이 곧 천국입니다. 자신의 한계를 알고 하나님을 의지하는 삶으로 천국을 누리며 사는 성도들이 됩시다.

인간관계의 거리

제2차 세계대전 때 독일, 일본, 이태리에 맞서 싸우기 위해 손을 잡은 나라들은 모두 47개국이었지만 사실상 지도자는 루스벨트, 처칠, 스탈린 세 사람이었습니다. 스탈린은 히틀러가 1941년 6월에 소련을 침공하자 하는 수 없이 루스벨트, 처칠과 손을 잡기는 했지만 한 번도 의심의 고삐를 놓지 않았습니다. 그러므로 미국과 영국의 연합은 중요했습니다.

제2차 세계대전 중, 전쟁 수행 협의 차 영국의 윈스턴 처칠이 루스벨트 대통령을 방문했을 때의 일입니다. 백악관에 여장을 푼 처칠 수상이 막 목욕을 마치고 거실로 돌아왔을 때 루스벨트에게 들어와도 좋다는 대답을 했습니다. 그래서 루스벨트는 방문을 열고 한 발 들여놓았습니다. 그랬더니 거기에는 실오라기 하나 감지 않은 벌거숭이 불독(처칠의 별명)이 빙그레 웃음을 띠우고 버티고 서 있었습니다.

루스벨트 대통령은 무안해져서 "실례 했소"하며 문을 닫고 돌아서려고 하는데 처칠 수상이 웃으면서 말했습니다. "허허, 우리 대영제국은 미국에 대해서 감추어야 할 아무 것도 없소. 보시는 그대로….." 사람이 서로 친해지려면 거리가 없어야 합니다.

미국의 유명한 문화인류학자 에드워드 홀은 인간과 인간 사이의 거리와 공간을 다루는 학문을 연구하면서 사람과 사람 사이의 심리적 거리에도 다음과 같은 네 가지 유형이 있다고 했습니다.

첫째, 밀접거리(intimate distance)입니다. 이것은 사람이 손을 뻗어 닿을 수 있고 냄새를 맡을 수 있는 정도의 거리, 가족들이 접촉하는 거리를 말합니다. 둘째, 개체거리(personal distance)입니다. 이것은 다른 사람과 일상적인 목소리로 대화를 나눌 수 있는 정도의 거리이며, 이 거리에서는 다른 사람과 대화를 하거나 어떤 것을 자세히 볼 수 있는 거리입니다.

셋째, 사회거리(social distance)입니다. 이것은 큰 소리로 부를 수 있는 거리, 친구나 직장 동료들 간의 상호작용이 행해지는 거리, 보다 공식적·사업적 거리가 이루어지는 거리를 말합니다. 넷째, 공중거리(public distance)입니다. 이것은 대형 음향 시설 등을 통해 접촉할 수 있는 거리이며 축구장, 선거유세장, 공연장 등 공식적 대중 집회나 강연이 행해지는 거리를 말합니다.

인생의 성공은 무엇일까요? 바로 친구를 얻는 것입니다. 이 삭막한 세상에서 가족 같이 소중한 한 사람의 친구라도 얻은 사람은 성공한 사람입니다. 신앙생활의 성공은 무엇일까요? 할 수 있으면 모든 사람과 화평을 이루는 것이요, 원수까지도 사랑하여 친구를 얻는 것이고, 모든 사람을 주님 안에서 가족으로 만들어 형제, 자매로 생각하며 밀접거리를 회복하는 것입니다. 사람이 그립습니다. 사람 냄새가 그립습니다. 가족 같은 사랑이 넘치는 교회 공동체가 그립습니다.

하나님의 영광을 바라고 즐겁게 살자

우리는 주 예수 그리스도를 통해서 하나님의 영광을 누리도록 부름을 받았습니다. 그러면 하나님의 영광은 무엇일까요? 하나님께서 사랑하는 자들을 위해서 예비하고 계시는 것으로 그것은 우리가 가히 상상할 수 없는 것이고, 우리가 바라고 기대하는 그 이상의 것입니다.

사람들은 영광을 얻기 위해 노력합니다. 선수들은 우승의 영광을 위해서 노력하고, 기업가들은 사업의 번창과 그에 따른 영광을 위해서 노력하고, 부모들은 자녀들의 형통을 통해 영광을 얻고자 자녀 양육에 헌신합니다.

그러나 이 모든 영광보다 최고의 영광이 있습니다. 그것이 무엇일까요? 예수님은 죄인 된 우리를 위해서 십자가에서 죽으시고 부활하심으로 우리를 의롭다하시고, 하나님과 화목하게 하시고, 하나님의 나라를 우리에게 기업으로 주셨습니다. 우리는 머지않아 영광의 하나님 앞에 서게 될 것이고, 하나님의 나라에서 영원토록 살게 되는 것입니다.

하나님의 영광을 바라보는 우리는 어떻게 살아야 할까요? 당연히 하나님의 영광을 위해서 살아야 합니다. 이것이 이 세상에 사는 동안 우리가 최선을 다해야 할 우리에게 주어진 거룩한 인생의 목적입니다.

최고의 종교 개혁가 중의 한 사람이었던 존 칼빈의 묘위에는 'J. C'라는 글자만 새겨져 있습니다. 이것은 사후에 자신에 대해 어떠한 숭배도 원하지 않았던 그의 유언에 따른 것으로 죽는 그 날까지 그가 얼마나 하나님의 영광을 위하여 살려고 했는지를 알게 해 줍니다.

하나님의 영광을 위해서 사는 일은 우리가 종의 마음으로 하는 것이 아닙니다. 하나님께서 주신 은혜, 죄 사함과 구원에 대한 감사와 감격으로 자발적으로 해야 할 일입니다.

신앙생활에 열심을 내는 신자들에게 흔히 하는 말이 있습니다. '믿는 건 좋은데 너무 깊이 빠지지는 말거라'는 말입니다. 예수님을 믿지 않는 세상 사람이라면 그렇게 말할 수 있습니다. 문제는 예수님을 믿는다고 하는 사람들조차 이런 말을 하는 것입니다.

일에 깊이 빠지면 훌륭한 직장인이고, 공부에 깊이 빠지면 좋은 학생이고, 운동에 깊이 빠지면 뛰어난 운동선수인데, 예수님께 깊이 빠지면 왜 지나치다고 생각할까요? 그 이유는 예수님이 삶의 목적이 아니기 때문입니다.

우리는 하나님의 영광을 바라고 즐거워하는 믿음을 가져야 합니다. 하나님께서 주신 말씀대로 그렇게 살아야 합니다. 하나님 앞에 나올 때 종의 마음으로, 억지로 나와 예배하는 것이 아니라 기쁘고 즐거워야 합니다. 주님과 함께 하는 이 땅에서의 삶은 평안하고 즐거워야 합니다.

영화 노아를 보고서

대런 아로노프스키 감독의 신작 '노아'가 전 세계 최초로 한국에서 개봉되었습니다. 성경 속 노아의 방주 이야기를 소재로 했기에 일찍이 극장을 찾아 관람을 했습니다. 하지만 기독교인들이 기대했던 은혜로운 성화가 아니었습니다.

전체적으로는 성경의 이야기를 바탕으로 하고 있었지만 작가의 상상력이 많이 가미되었습니다. 성경에 없는 '감시자'라는 존재가 등장하고, 노아의 며느리도 한 명으로 나왔습니다. 그리고 뱀의 허물이 인류의 유산처럼 전해졌습니다.

시나리오를 쓴 작가와 감독이 노아 이야기를 가지고 어떤 상상을 했고, 무슨 말을 하고 싶어 했는지에 관심을 갖고 보았습니다. 그럼에도 불구하고 기존의 노아에 대한 익숙한 이미지로 인해 혼란스러웠습니다.

영화 속의 노아는 자신의 사명을 이 세상에 다른 피조물은 남기고 인간을 멸망시키는 것으로 생각했고, 다른 인간들과 마찬가지로 자신과 가족들도 사라져야 한다고 생각했습니다. 그랬기 때문에 노아는 며느리가 방주 안에서 임신하게 된 사실을 알고 충격을 받았고, 손녀가 태어나면 죽이겠다고 했고 죽이지는 못했지만 칼을 들이대기까지 했습니다.

영화가 끝나기까지 생각이 다 정리되지 않아서 곧바로 자리에서 일어나지 못했습니다. 같이 영화를 본 사람들도 영화에 대해서 가타부타 아무 평을 하지 않았습니다. 혼란스럽기는 모두 마찬가지였던 것 같았습니다. 이후 많은 생각을 했습니다.

인터넷을 보니 영화에 대한 논란 기사가 올라왔습니다. 기대감에 극장을 찾은 일부 기독교인들이 '반 기독교적'이라는 비난을 쏟아냈다는 것입니다. 성경의 내용을 왜곡한 점도 그렇고 노아를 잔인하게 표현한 것으로 인해 비판을 한다는 것입니다.

그러나 성경과 다른 내용들은 영화라고 생각하면 넘어갈 수 있습니다. 나의 관심사는 이 영화가 간접적으로나마 관람자들에게 성경적 가치와 구원의 메시지를 주고 있느냐 하는 것이었습니다. 기독교인이 아닌 일반 관객들에게 어느 정도 구원의 메시지를 주고 있다고 생각합니다.

구원은 죄 문제를 인식하는 데서 출발합니다. 영화 노아는 인간의 죄성을 그려내는 데 있어서는 충분했다고 봅니다. 영화 노아는 의인 노아와 그의 가족들까지도 역시 죄인이었고, 그들의 행위가 아니라 은혜로 구원받았다는 사실을 분명히 보여주었습니다.

노아는 당대에, 다시 말해서 그 당시의 사람들과 비교해서 의인이었을 뿐이지 여전히 죄인이었고, 방주에서 나온 이후 술을 먹고 취해 널브러지기도 했고, 감정적으로 아들을 저주했던 불완전한 인간이었습니다. 노아가 선택받고 구원 받은 것은 그가 상대적으로 당시 사람들보다 의인이었던 점도 있었지만 궁극적으로는 하나님께 은혜를 입은 것이었습니다.

chapter 4

해피엔딩으로의 초대

우리 삶 속에서 가장 많이 언급되는 말은 행복일 것입니다. 행복은 가장 정다운 말이요, 가장 흐뭇한 단어입니다. 가장 아름다운 말이요, 제일 많이 쓰는 말입니다. 특히 여성에게 행복이라는 단어는 가장 매혹적인 말이요 마력적인 어휘입니다.

행복은 흐뭇한 만족감입니다. 행복은 마음의 평화요, 흡족한 감정입니다. 행복은 쾌락과는 다릅니다. 쾌락은 자신의 어느 한 부분이 즐거운 상태입니다. 쾌락은 감각적입니다. 쾌락은 행복의 한 요소는 되어도 쾌락이 곧 행복은 아닙니다.

행복은 쾌락과 같이 우리의 생명에 피로감이나 권태감을 주지 않습니다. 행복은 쾌락보다 차원이 높고 그 질이 깊습니다. 행복은 정신적 만족감입니다. 그것은 깊은 즐거움이요, 흐뭇한 심정이요, 생명적인 희열이요, 평화스런 만족감입니다. 이것이 주님 안에서 해피엔딩입니다.

시크릿 가든의 해피엔딩

대한민국 안방을 뜨겁게 달궜던 '시크릿 가든'이라는 드라마가 끝이 났습니다. '라임 앓이', '주원 앓이'라는 말이 나올 정도로 사람들은 드라마에 빠져 울고 웃었습니다. 드라마가 끝나갈 무렵 반전에 반전이 거듭되면서 새드 엔딩으로 끝날 수 있다는 추측이 나오기 시작했고 드라마의 결말이 시청자들의 최대 관심사가 되었습니다.

작가는 주인공을 죽일 수도 있고 살릴 수도 있습니다. 드라마가 끝나는 마지막까지 누구도 결말을 장담할 수 없습니다. 작가의 손에 주인공의 생사가 달렸기에 수많은 시청자들이 인터넷을 통해 작가에게 해피엔딩이 되게 해달라고 애원하디시피 했습니다. 길라임이 사고를 당했을 때는 시크릿 가든 홈페이지가 마비되는 초유의 상황까지 벌어졌습니다.

드라마가 끝나고 나서 작가는 자신의 남편까지도 주인공들을 죽이지 말아 달라고 부탁했고, "만약 죽이면 당신하고 이혼할거야"라고 협박했었다는 이야기를 하며 즐거워했습니다. 작가의 의지도 있었지만 모두가 해피엔딩을 소망했기에 결국 모두가 원하는 대로 시크릿 가든은 해피엔딩으로 끝이 났고, 시청자들을 행복하게 만들어 주었습니다.

사람들이 해피엔딩을 갈망하는 모습을 보면서 사람들의 본성을 생각했습니다. 우리 인간은 하나님의 형상대로 지음을 받았습니다. 그렇기 때문에 인간이 지니고 있는 선한 본성, 권선징악의 마음은 하나님을 닮은 것입니다. 해피엔딩을 원하는 그 마음도 하나님을 닮은 것입니다.

과연 그럴까요? 성경을 보면 확인이 됩니다. 요셉의 생애는 형들의 시기 질투로 미움을 받아 노예로 팔리고, 모함을 당하여 옥에 갇히는 등 비극적이고 드라마틱했습니다. 그러나 고생 끝에 애굽의 국무총리가 되고, 22년 만에 가족들과의 눈물의 상봉이 이루어져, 아버지 야곱의 한을 풀어줄 수 있었습니다. 요셉 인생의 마지막은 해피엔딩이었습니다.

우리 인생이 해피엔딩이 될 것인지, 아니면 새드엔딩이 될 것인지는 우리의 결단에 달려 있습니다. '부자와 거지 나사로'의 이야기에 나오는 부자는 이 세상 살 때 호의호식하며 살았지만 웰다잉을 등한히 하여 그의 인생은 새드엔딩이 되고 말았습니다. 반면에 거지 나사로는 힘겨운 인생을 살았지만 웰다잉함으로써 그의 인생은 해피엔딩이 되었습니다.

우리는 이 세상사는 동안 하나님의 은혜를 힘입어 웰빙의 삶을 살아야 합니다. 그리고 웰다잉으로 생을 마감할 수 있어야 합니다. 우리 인생의 해피엔딩을 위해서 우리는 웰다잉할 수 있어야 합니다. 비록 이 세상에서 힘들고 어렵게 살았더라도 미리 죽음을 준비함으로써 웰다잉할 수 있다면 우리 인생 드라마는 해피엔딩으로 끝나는 것입니다.

시크릿 가든의 해피엔딩을 간절히 원했던 그 마음으로 우리도 우리 가족과 친구들과 이웃들의 해피엔딩을 기원해야 하지 않을까요? 그러려면 우리는 복음을 전해야 합니다. 때를 얻든지 못 얻든지 복음을 전하여 우리가 아는 모든 사람들의 인생을 해피엔딩 되게 해야 합니다.

행복 지수

인간의 탐욕이 과연 어디가까인지 의문을 갖게 됩니다. 하나님은 인류가 다 먹을 수 있는 양식을 주셨습니다. 사람들이 굶어 죽는 것은 하나님께서 주시지 않아서가 아니라 사람들이 욕심을 부리기 때문입니다.

인간의 욕심은 에리히 프롬이 말한 바대로 '바닥없는 항아리' 같아서 아무리 채워도 채워지지 않는 속성을 가지고 있습니다. 욕구는 자연스러운 것이지만 그것이 도를 넘으면 탐욕이 되고 마는 것입니다. 소유에 대한 인간의 욕구는 정말 무섭습니다. 5억 원의 재산이 10억 원으로 늘어도 만족하지 못하고, 20억 원으로 늘어도 다시 50억 원을 탐하는데 시간이 그리 걸리지 않습니다. 그러면 재산이 늘어나는 만큼 행복감도 늘어날까요?

파스칼은 열두 살쯤 되었을 때 유클리드 수학을 섭렵하고, 열여섯 살 때에는 원추 곡선론을 발표하여 세계를 놀라게 했습니다. 그의 확률 이론은 세계 수학사에 새 장을 열었습니다. 이 천재 앞에서 온 유럽이 경탄을 금치 못했습니다.

당시의 기록을 보면, 유럽의 사교계에서 파스칼과 이야기를 해보는 것이 귀부인들 사이에 화제가 될 정도였고, 또 공주나 왕자들마저도 파스칼과 악수를 해보는 것이 관심거리가 될 정도로 온 유럽의 총애를 받는 천재였습니다.

그러던 그가 어느 날 사교 파티의 주빈으로 참석했습니다. 술에 거나하게 취해 마차를 타고 귀가하는데 바퀴 하나가 센 강 다리에 부딪혀서 부러졌습니다. 마차는 크게 부서졌고 마차 밑에 갈렸던 파스칼은 겨우 몸을 빼내 간신히 살아나올 수 있었습니다.

이렇게 파스칼이 고통스러워하며 수척해진다는 소식을 수녀원에 있던 그의 누나가 듣고 사랑하는 동생을 만나러 먼 길을 찾아와서 그에게 예수 그리스도를 전했습니다.

그는 예수 그리스도를 믿고 나서 이렇게 고백했습니다. "모든 사람들의 마음속에는 이 세상 무엇으로도 채울 수 없는 큰 공허가 있습니다. 그 공허는 주님께서 찾아오시기 전에는 어느 것으로도 채워지지 않습니다."

육체적, 정신적 욕구도 중요하지만 그보다 더 중요한 것은 영적인 욕구입니다. 인간은 하나님의 형상과 모양으로 창조되었기 때문에 영원을 사모하는 마음이 있습니다(전 3:11). 이것이 채워지지 않는 한 우리는 참으로 만족할 수 없고 행복할 수 없습니다.

우리는 주변에서 가질 만큼 가지고 누릴 만큼 누리면서 살던 사람들이 자살을 하고 우울증에 걸리고 열등감에 빠지고 더 소유하려다가 죄를 짓는 일을 수도 없이 보고 있습니다. 행복은 더 많이 소유하는데 있지 않습니다. 착각에서 깨어나야 합니다.

구원으로 얻어지는 행복

일반적으로 구원이란 아주 어려운 곤경에서 놓여나는 것이라고 합니다. 성경에서 말하는 구원의 핵심은 죄로부터의 구원입니다. 가장 큰 복은 구원을 받는 것입니다.

구원과 행복은 서로 연결되어 있습니다. 왜 그럴까요? 죄가 있는 한 행복할 수 없기 때문입니다. 행복이라는 것은 마음에서 비롯됩니다. 아무리 많은 것을 가지고 있어도 마음이 행복하지 못하면 태산 같이 많은 소유도 아무 의미가 없습니다. 그런데 그 마음의 행복을 파괴하는 세력이 있습니다. 그 가장 큰 세력은 바로 죄입니다.

죄가 있는 한 인간은 행복하지 않습니다. 다윗은 간음죄와 더불어 살인죄까지 짓게 됐습니다. 십계명 가운데 6, 7, 9, 10계명을 한꺼번에 저지른 것입니다. 하나님은 그의 행위를 악하게 보셨다고(삼하 11:27) 했습니다. 그리고 세월이 1년이 흘렀습니다. 이 1년의 세월을 다윗은 어떻게 보냈을까요? 종일토록 신음하며 지냈고, 뼈가 다 쇠할 정도였다고 성경은 말하고 있습니다(시 51편).

죄는 마음의 고통을 가져다줍니다. 그래서 인간 죄의 문제를 해결하기 위해서 하나님은 자신의 아들 예수 그리스도를 이 땅에 보내서 인간의 죄를 담당하여 십자가에서 죽게 하심으로 죄의 문제를 해결하셨습니다. 죄의 문제를 해결할 수 있는 다른 방법이 없었습니다. 하나님의 아들이 죽어야만 했습니다. 죄의 결과는 죽음이기 때문입니다.

모든 인간은 예수 그리스도의 십자가를 믿음으로 죄에서 구원을 받게 되었습니다. 죄 문제 해결하는 그 시간으로부터 인간의 참된 행복은 시작되는 것입니다. 왜 그럴까요? 죄가 해결되면 죽음이 해결되기 때문입니다. 죽음은 인간의 모든 행복을 빼앗아 갑니다. 죽음 앞에서는 모든 것이 허무할 뿐입니다. 죽음 앞에 장사도 없고 용사도 없습니다. 지혜자도, 권세자도 죽음 앞에서는 무력한 것입니다.

그러나 예수님은 죽음을 해결하셨습니다. 예수님은 무덤에서 부활하심으로 죽음을 해결하셨습니다. 십자가와 부활로써 인간의 죄와 죽음의 문제는 완전히 해결되는 것입니다. 예수님은 "수고하고 무거운 짐진 자들아 다 내게로 오라 내가 너희를 쉬게 하리라"고 말씀하십니다. 예수님의 초청에 응하여 인생의 가장 큰 짐인 죄와 죽음의 문제를 해결하는 것이 행복에의 첫 걸음입니다. 여기에서 참 행복이 시작되는 것입니다.

행복의 조건

많은 사람들이 성공을 향해 밤낮없이 뛰고 있습니다. 왜 성공해야 하는 지 이유가 없습니다. 남들이 성공을 위해 달리니까 같이 뛰는 것입니다. 과연 이런 사람들에게 행복이 머물 수 있을까요?

사람들이 생각하는 행복의 조건들이 있습니다. 우선 건강이 필요하고, 의식주의 안정이 필요하고, 화목한 가정이 필요하고, 보람을 느끼는 직장이 필요하고, 다정한 친구가 필요하고, 어느 정도의 명예와 지위가 필요하고, 즐거운 취미생활이 필요하고, 또 정신적인 평안이 필요합니다.

전혀 조건이 갖춰지지 않은 상태에서 우리는 과연 행복할 수 있을까요? 결코 쉽지 않은 일입니다. 기본적인 욕구가 무시된 행복은 추상적인 관념론에 지나지 않습니다. 그렇다고 행복의 조건만 갖추면 누구나 행복해질 수 있을까요? 반드시 그런 것도 아닙니다. 아무리 행복한 조건을 구비하더라도 행복하지 못한 사람들이 많습니다.

향락을 좇는 사람들은 어떻게 하면 즐길까, 어떻게 하면 재미 볼까를 생각합니다. 밤낮 향락을 생각하며 사는 사람은 어느 날 갑자기 몰락해 버립니다. 마치 녹이 쇠붙이를 삭게 만드는 것처럼 향락은 인간을 타락하게 만듭니다.

남편의 월급에 만족하지 못하는 아내가 바가지를 긁을 때마다 남편은 위기 탈출을 위해 "행복은 어떤 집에서 사느냐보다 어떤 사람과 사느냐에, 어떤 음식을 먹느냐보다는 어떤 사람하고 먹느냐에 달려 있는 것이 아니겠소?"라고 말을 합니다. 그러면 아내는 퍼부어댑니다. "잘났군. 그런 소리나 해대니까 돈을 못 벌지!"

마음이 행복의 주관적 요소라면 조건들은 행복의 객관적 요소입니다. 주관적 요소와 객관적 요소가 혼연일체(渾然一體)가 될 때 완전한 행복이 이루어집니다. 그러나 조건을 갖추는 일이 어디 쉬운 일입니까?

어느 사냥꾼이 독수리를 잡으려고 화살을 겨누었습니다. 그런데 이 독수리는 자신이 죽을 줄도 모르고 어딘가를 노려보고 있었습니다. 그래서 자세히 보았더니 뱀을 잡아먹으려고 노려보고 있었습니다. 그래서 사냥꾼은 또 뱀을 쳐다보았습니다. 그런데 뱀도 어딘가를 노려보고 있었는데, 개구리를 잡아먹으려고 꼼짝도 하지 않고 노려보고 있었습니다. 또 개구리도 마찬가지로 꿈쩍하지 않고 뭔가를 보고 있었는데, 무당벌레를 잡아먹으려고 노려보고 있었습니다. 사냥꾼은 그 먹이 사슬을 보다가 슬그머니 활을 내려놓았습니다. 그리고 자신의 뒤를 돌아보았습니다. 살벌한 생존 경쟁이 벌어지고 있는 세상의 모습입니다. 사람들은 그 속에서 살아남기 위해 안간힘을 다하고 있습니다.

우리는 경쟁에서의 승리보다 쉽고 올바른 방법을 택해야 합니다. 탐욕의 전쟁터와 같은 세상 속에서 남보다 더 많이 소유하고, 더 빨리 달리고, 더 높이 올라가기 위해 싸우기보다는 조용히 마음을 다스리는 법을 배우는 것이 현명한 것입니다.

선택에 달린 행복

아무리 어려운 질문에도 대답할 수 있는 현인이 있었습니다. 어느 날 한 소년이 현인을 골려주기로 마음을 먹었습니다. 소년은 새 한 마리를 손에 움켜쥔 채 현인에게 가기로 했습니다. 그가 마음속으로 세운 계획은 이런 것이었습니다.

"내 손안에 있는 새가 죽었는지 살았는지 물은 후에 만일 죽었다고 대답하면 새가 날아가도록 놓아줘야지. 만일 살았다고 대답하면 새를 손바닥으로 눌러 죽여서 틀렸다는 것을 보여주는 거야."

소년은 참새를 잡아 숲속에 사는 현인을 찾아가 물었습니다. "내 손에 있는 참새가 살았을까요, 아니면 죽었을까요?" 그러자 현인은 빙그레 웃으면서 이렇게 말했습니다. "그건 네 손에 달려 있지"

우리 인생도 우리 손에 달려 있습니다. 정신과 의사인 윌리암 글라써는 그의 저서 「행복의 심리」에서 우리의 행복은 선택에 달려 있다고 주장합니다. 행복하기로 마음을 먹으면 행복하게 되고, 불행하기로 마음을 먹으면 불행하게 된다는 것입니다.

아침에 눈을 뜰 때 우리는 행복한 하루를 살기로 선택할 수도 있고, 비뚤어진 태도를 가지고 불행하게 살기를 선택할 수도 있습니다. 행복은 우리가 느끼는 감정이 아니라 의식적으로 내리는 선택입니다.

행복한 조건이 아무리 많아도 불행하게 사는 사람은 환경 때문이 아니라 그 자신이 불행을 선택했기 때문에 불행한 것이고, 행복하게 사는 사람은 조건이 좋아서가 아니라 행복을 선택했기 때문에 행복하게 사는 것입니다.

이렇게 우리는 인생의 각 단계에서 지금 이 시기를 벗어나게 되면 틀림없이 행복해질 것이라 믿습니다. 최선을 다한 후, 좋은 차를 사고, 꿈꾸던 해외여행을 떠나고, 결국 은퇴를 했을 때 비로소 완전해 질 것이라고 기대하는 것입니다. 이런 식으로 행복의 기대만 끝없이 이어집니다. 그리고 그러는 가운데 인생은 계속해서 흘러갑니다.

하지만 실제로는 행복을 움켜잡기에 '지금 이 자리'(hear and now)보다 더 나은 때는 없습니다. 지금이 아니면 도대체 그 때가 언제란 말입니까? 성경은 지금의 중요성을 강조하고 있습니다. "보라 지금은 은혜 받을만한 때요 보라 지금은 구원의 날이로다"(고후 6:2).

어찌 됐든 인생에는 어려운 도전들이 넘쳐나기 마련입니다. 이 점을 받아들이고 어떤 상황에서도 행복해지기를 결심하고 행복을 선택하는 것이 행복한 삶을 살기 위한 최선의 방법입니다. 행복은 우리가 지금 가고 있는 길 자체입니다.

취급주의

도로를 다니다보면 '왕초보', '아기가 타고 있어요' 등의 팻말을 붙이고 다니는 차들을 볼 수 있습니다. 자신의 부족함과 보호받아야 할 상황을 알리고 사람들에게 주의를 요청하는 것입니다. 학교 앞 도로는 스쿨존으로 지정해서 속도를 줄이고 특별한 주의를 하도록 노면을 만듭니다. 어린이집이나 유치원 차량은 사람들의 눈에 잘 띄는 노란색입니다. 스스로 조심해서 운전할 뿐 아니라 다른 사람들에게도 조심해 달라고 주의를 주는 것입니다.

우체국이나 택배 회사에서 물건을 보내려 하면 내용물이 무엇인지 묻습니다. 유리나 부서지기 쉬운 물건들에 대해서는 취급주의라는 문구가 부착됩니다. 인간관계에 있어서도 취급주의가 필요합니다. 왜냐하면 우리 인간은 쇠로 만들어진 존재가 아니라 흙으로 빚어진, 깨어지기 쉬운 질그릇이기 때문입니다. 성경은 우리 인간을 '질그릇'이라고 말씀합니다. 여성에 대해서는 '더 연약한 그릇'이라고 말씀합니다(벧전 3:7).

미국에 찰스 스윈돌이라는 유명한 목사님이 계십니다. 한 번은 주일 설교 중에 "우리 크리스천들은 법과 질서를 지켜야 합니다. 교통신호도 정확하게 지키십시오"라고 했습니다. 그런데 예배가 다 끝나서 집에 돌아가는 길에 그만 딴 생각을 하다가 빨간 불인데도 모르고 지나갔습니다. 지나가는 순간 빨간 불이었다는 사실을 알고 깜짝 놀라서 옆을 보니까 자꾸 사람들이 쳐다보는 것 같았습니다.

목사님은 순간적으로 '아, 교인들이로구나! 내가 설교해 놓고 내가 규칙을 어기다니'라고 생각하며 교인들에게 들킨 것 때문에 너무나 창피했습니다. 그래서 그냥 쳐다보지 않고 차를 몰아서 얼른 집으로 와 버렸습니다.

얼마 후 전화가 왔습니다. "목사님, 아까 어디에 차 가지고 지나가셨죠? 내일 우리 교인들이 목사님 만나고 싶어합니다." 목사님은 '교인들이 아마 따지려고 그러나 보다'라고 생각했습니다. 목사님은 "그냥 점심 같이 해요"라고 말은 했지만 속으로는 무척 걱정스러웠습니다.

평소에 유머가 많으셨던 목사님은 그 이튿날 점심시간에 목에다 무엇인가를 걸고 약속 장소에 나갔습니다. 거기에는 '나는 죄인이다'(I am guilty)라고 쓰여 있었습니다. 그런 것을 목에 걸고 나오니까 얼마나 우스웠겠습니까? 교인들은 막 배꼽을 잡고 웃으면서 박수를 치고 환영했습니다. 교인들의 반응에 목사님은 갑자기 뒤를 돌아섰는데 뒤에는 또 다른 글이 걸려있었습니다. 거기에는 "너희 중에 죄 없는 자가 먼저 돌로 치라"고 쓰여 있었습니다.

우리 인간은 누구나 연약합니다. 이 사실을 깨닫고, 서로 인정하고, 서로 조심하며 살아갈 때 몸과 마음의 상처로 인해 아파하지 않게 될 것입니다. 몸과 마음이 상처받지 않도록 취급주의 팻말을 붙이고 삽시다.

좋은 관계를 맺는 기술

1936년, 아직 세상에 알려지지 않은 무명의 YMCA 교사에 의하여 간단한 책 한권이 출판되었습니다. 그는 보수가 좋은 판매직을 사임하고는, 그동안 판매원으로 일하면서 배운 인간관계 방법과 대중 앞에서의 말하는 기술에 대하여 다른 사람들을 가르쳐보겠다는 생각을 품고 미조리 주 와렌즈버그를 떠났습니다.

뉴욕 23번가에 있는 YMCA 총무는 한 번도 시도해보지 않은 교육을 위하여 정기적으로 매일 2불이란 돈을 지불할 용기가 나지 않았습니다. 그러나 그가 밀고 나가 회원들을 모집하고 개강 준비를 마치자 총무는 그의 계획에 찬성을 했습니다.

2년이 못되어 그의 강좌는 너무나도 유명해졌습니다. 그래서 그 젊은 이는 하루에 2불을 받는 대신 30불을 벌게 되었습니다. 한 출판인이 뉴욕의 라취몬트에서 그의 강연을 들었습니다. 그는 인간관계에 관한 그의 강의에 큰 감명을 받아 그 내용을 책으로 출판하라고 부추겼습니다.

그 젊은이의 이름은 데일 카네기였고 그의 책, 「어떻게 친구들을 사귀고 사람들에게 영향력을 행사할 것인가」(How to Win Friends and Influence People)는 출판되자마자 「뉴욕 타임즈」 베스트셀러 목록에 10년간 올랐고 1천만 부 이상이 팔려나갔습니다.

데일 카네기의 책이 지니고 있는 지혜의 핵심은 '사람을 상대하는 비결'이라는 장(章)에 압축되어 있고 다섯 부분으로 나누어진 그 책의 주제이기도 합니다.

그 아이디어는 사실 카네기의 독창적인 것이 아닙니다. 사랑에 성공한 사람들, 최고 경영자가 된 사람들, 훌륭한 부모가 된 사람들은 모두 이 기술을 활용하고 있습니다. 만약에 당신이 다른 사람과 관계가 좋다면 그것은 당신이 의식적으로든 무의식적으로든 틀림없이 이 기술을 사용했기 때문일 것입니다. 카네기는 그것을 이렇게 요약하여 말했습니다. "남을 인정하는 일에 열심히 할 것, 그리고 칭찬하는 일에 인색하지 말 것."

좋은 관계를 맺으려면 상대방의 특성을 인정하고 그 특성에 맞게 교류해야 합니다. 예컨대 매우 섬세하고 예절을 중시하는 사람에게 의도적으로 경솔하거나 거칠게 대하면 그와는 좋은 관계를 맺기가 어렵습니다. 그와 반대로 털털한 사람에게 너무 세심하게 배려하거나 사소한 일까지 신경을 쓰면서 대하면 그는 거북해할 것이고 그래서는 좋은 관계를 맺기 어렵습니다.

다른 사람들과 평화로운 관계를 맺고 즐겁게 지내고자 한다면 다른 사람들에게 잘 적응하도록 노력하고 그 사람에게 맞는 방법을 선택해서 관계를 맺어야 합니다.

뿌리 깊은 가정

영국 런던의 템스 강 근처에 있는 재판소 뜰에는 유명한 포도나무가 한 그루 있습니다. 그 포도나무는 유난히 맛이 좋은 열매를 맺기에, 식물학자들이 그 포도를 종자로 하여 우수한 포도를 보급하려고 노력했습니다. 하지만 학자들은 다른 포도나무와 별다른 특징을 발견하지 못했습니다. 다만 그 포도나무는 뿌리가 템스 강 밑바닥까지 뻗어 있을 뿐이었습니다. 말하자면 그 나무는 뿌리가 강 밑바닥까지 뻗어 있었기 때문에 수분을 충분히 빨아들일 수 있었고, 아울러 양분도 충분히 공급받아 영국에서 가장 맛있는 열매를 맺을 수 있었던 것입니다.

시편에서 말하는 복 있는 사람이란 뿌리를 물 근원에 두고 있는 그 포도나무처럼 하나님께 믿음의 뿌리를 두고 있는 성도를 가리킵니다. 하나님을 믿는 성도들이라고 해서 환난과 어려움이 닥치지 않는 것이 아닙니다. 그러나 심한 기근과 같은 어려움이 온다고 해도 하나님께 믿음의 뿌리를 두고 있는 성도들은 그 모든 환난을 이겨낼 힘을 얻을 수 있습니다. 시편 기자는 '야곱의 하나님으로 자기 도움을 삼으며 여호와 자기 하나님에게 그 소망을 두는 자는 복이 있도다'(시 146:5)라고 말하고 있습니다.

고목나무에 꽃을 피우기 위해서는 생명이 있어야 하고 생명이 있기 위해서는 뿌리가 썩지 않고 살아 있어야 합니다. 무슨 식물이든지 뿌리가 깊이 박혀야 튼튼한 식물이 됩니다. 뿌리가 깊으면 바람이 불어도 넘어지지 않습니다. 어지간한 가뭄이 와도 마르지 않습니다. 꽃이 아름답고 많이 핍니다. 열매도 많이 맺습니다. 식물만 그런 것은 아닙니다.

어떤 조직이나 국가나 단체 등도 역사적 뿌리가 깊어야 든든합니다. 식물이든지 사회 공동체든지 뿌리가 깊이 내려야 든든합니다. 교회도 마찬가지입니다. 교회도 하나의 공동체입니다. 공동체로서 하나님의 나라를 이루어가기 위해서는 많은 일들을 해야 합니다. 그리고 하나님 나라에 걸맞은 열매를 맺어야 합니다.

그러기 위해서는 뿌리가 있어야 합니다. 특히 신앙이 흔들리면 그 파장이 심합니다. 그러므로 뿌리가 깊어야 합니다. 그러나 역사의 뿌리가 깊다고 해서 든든한 것은 아닙니다. 역사의 뿌리보다도 우리가 깊이 내려야 할 뿌리가 있습니다.

뿌리를 가꾼다는 것은 깊은 영성의 세계로 들어가는 것입니다. 진주는 해변에 뒹굴지 않습니다. 진주를 얻으려면 바다 깊은 곳으로 들어가야 합니다. 말씀의 진주를 얻기 원한다면 우리는 깊은 영성의 바다로 들어가야 합니다. 깊은 영성의 바다가 우리를 부릅니다. 우리 함께 깊은 바다로, 뿌리 깊은 영성의 세계로 들어갑시다.

가을의 단상

봄은 여자의 계절이고, 가을은 남자의 계절이라고 말합니다. 누가, 무슨 의미로 이 말을 했는지는 모르지만 그 의미는 이해할 수 있습니다. 나름대로 그 의미를 생각해 봅니다.

요즘은 완전히 달라졌지만 옛날 여인들은 집안에서만 생활했습니다. 겨울 내내 집안에만 꽁꽁 갇혀 있던 여인들에게 따사로운 햇살과 코를 자극하는 꽃향기, 생명이 약동하는 새 봄의 정취는 호기심 많은 여인들의 마음을 흔들어 놓기에 충분했을 것입니다.

반면에 바깥에서 열심히 여름 내내 땀 흘리며 일하던 남자들에게 가을은 일을 마무리하며 열매를 헤아리는 때입니다. 땀방울을 식혀주는 시원한 가을바람은 잠시 가족 부양의 무거운 짐을 내려놓고 잠시 어디론가 떠나고 싶은 충동을 느끼게 하지 않았을까요?

아무튼 가을은 자연의 변화로 인해 우리의 오감이 예민해지고 감수성이 자극되는 계절입니다. 그러기에 가을에는 생각이 깊어지고 하나님을 향한 묵상도 깊어집니다. 이러한 때에 성경 읽기와 묵상은 영적 성장에 큰 유익을 줄 것입니다.

여름 내내 푸른 잎으로 무성하던 나무들이 하나 둘 작별을 고하고, 온갖 채소와 열매로 가득하며, 풍요로 일렁이던 논과 밭이 이제 서서히

황량한 벌판으로 변해갑니다. 누리던 것을 하나 둘 잃어버리게 되는 가을은 상실의 계절이기도 합니다.

가을이 되면 사랑하는 사람을 곁에 두고도 어쩐지 쓸쓸함을 느낍니다. 가을은 중년의 인생을 사는 사람들에게는 특히 서글픔을 느끼게 하는 계절이기도 합니다. 영혼의 빈자리를 채우며 다가올 종말의 겨울을 준비하도록 하는 하나님의 섭리가 아닌가 싶습니다.

가을은 지나온 날들을 돌아보게 합니다. 잠시 발걸음을 멈추고 뒤를 돌아보는 일은 남은 앞으로의 삶을 설계하는데 도움이 됩니다. 우리가 어떻게 살았느냐 하는 것이 중요하지만 이에 못지않게 살아온 삶을 어떻게 기억하고 의미를 부여하느냐 하는 것도 매우 중요합니다.

흔히 뒤돌아보면서 이루지 못한 일, 부족했던 일, 실수했던 일 등을 생각하며 후회와 아쉬움에 사로잡힙니다. 그러나 우리 성도들은 하나님께서 동행하시며 베풀어주신 은혜를 헤아려 보면서 감사하며 영광을 돌릴 수 있어야 합니다.

잃어버린 것보다는 남아 있는 것을 가지고 감사하고, 없는 것 가지고 불평하기보다는 주어진 것으로 만족하며 감사해야 합니다.

인간은 어리석어서 가지고 있을 때는 그것의 귀함을 깨닫지 못하다가 잃어버리고 나서야 그 가치를 발견하곤 합니다. 깊어지는 하늘과 더불어 생각이 깊어지는 이 가을에 우리에게 주어진 하나님의 은혜를 헤아려보며 감사의 열매를 풍성히 내어놓는다면 하나님께서 얼마나 기뻐하실까요.

바라보는 것도 힘이 들 때

병원 심방을 다니다 보면 병상에 누워 먹는 것도 힘들어하고, 심지어는 숨 쉬는 것도 힘들어하는 환자들을 만나게 됩니다. 손을 잡아 주고 곁에 있어 주는 것 외에는 그들에게 무엇이라고 위로할 말이 없습니다. 환자들의 고통이 전이(轉移)되어 그들을 바라보는 것도 힘이 들 때가 있습니다.

그 심정은 자녀들이 아플 때 차라리 내가 아프고 싶은 부모의 심정과도 같을 것입니다. 하나님의 위로를 소망하며 우리를 바라보시는 하나님 아버지의 심정은 어떨지 생각해 보았습니다. 예레미야 31장 20절을 보면 "에브라임은 나의 사랑하는 아들 기뻐하는 자식이 아니냐 내가 그를 책망하여 말할 때마다 깊이 생각하노라 그러므로 그를 위하여 내 마음이 측은한 즉 내가 반드시 그를 긍휼히 여기리라 여호와의 말이니라"고 했습니다.

하나님은 우리를 책망하시지만 측은한 마음으로 긍휼히 여기십니다. 측은지심(惻隱之心)은 곧 하나님의 마음입니다. 하나님의 측은지심의 절정은 성육신입니다. 하나님은 친히 사람의 모습으로 이 땅에 오셔서 사람들이 성장하는 모든 과정을 겪으셨고, 희로애락의 모든 삶을 경험하셨습니다.

예수님은 배고파 하셨고, 피곤해서 주무시기도 하셨습니다. 예수님은 우리의 연약함을 아십니다. 예수님은 기뻐서 웃기도 하셨고, 슬퍼서 눈물을 흘리기도 하셨습니다. 분노하시기도 하셨고, 수치와 고통을 당하시기도 하셨습니다. 예수님은 우리의 처지와 형편을 너무나도 잘 아십니다.

하나님도 우리를 바라보실 때 힘드시는 것은 마찬가지입니다. 그러나 하나님은 깊이 생각하시고 오래 참으십니다. 하나님에게는 침묵이 있습니다. 욥이 고난을 당할 때 하나님은 침묵하셨습니다. 욥에게는 재난과 병든 몸의 고통보다 하나님의 침묵이 더욱 고통스러웠습니다.

하나님의 벗이라고 불리는 아브라함에게도 하나님의 침묵이 있었습니다. 하나님은 아브라함에게 8번 나타나셨습니다. 이삭을 얻기 전 5번, 이삭을 얻은 후 3번 찾아오셔서 말씀하셨습니다. 그런데 창세기 16장 마지막 절과 17장 1절을 보면 13년 세월의 공백이 있습니다. 아브라함의 나이 86세에서 99세까지의 기간은 하나님의 침묵 기간입니다. 아브라함은 하나님의 약속을 기다리고 또 기다리다가 지쳐서 체념 상태에 이르게 되었습니다. 하나님은 아브라함을 믿음의 조상으로 세우시기 위하여 그를 연단하셨습니다.

사람은 고난 속에서 정결해지고, 기다림 속에서 인내를 배우고 성숙해집니다. 그러므로 하나님은 가슴 아프지만 참고 지켜보십니다. 우리는 인내해야 합니다. 때로는 바라보기도 힘든 일들이 있습니다. 그러나 깊이 생각하며 인내심을 가지고 하나님의 뜻이 이루어지기까지 기다리며 지켜볼 수 있는 성숙함이 필요합니다.

시대의 징조들

어느 날 저녁, 식사를 하려다가 TV 긴급 뉴스를 보고 깜짝 놀랐습니다. 일본 동북부 지역에 강도 8.8의 지진 쓰나미가 일어났습니다. 관동 대지진보다 더 큰, 일본 관측 사상 최대의 지진이라고 합니다. 정유소가 불타고, 제철소가 폭파되고, 통신이 두절되고, 교통이 마비되고, 전기가 끊어졌습니다. 사망자가 속출하고 있습니다.

지금 일본이 맞이한 재앙은 강 건너 불구경이 아닙니다. 당장 아시아 금융시장이 출렁이고 있습니다. 우리나라의 경우 일본의 산업과 연관이 되어 있어 우리 기업들도 많은 피해를 입게 될 것입니다. '큰일이다, 안 됐다'라고 말하면서도 독도 문제 등 일본에 대한 좋지 못한 감정을 가지고 있는 우리 국민들은 한편으로 고소한 마음을 가질 수도 있을 것입니다.

성도들은 그래서는 안 됩니다. 성경은 "네 원수가 넘어질 때에 즐거워하지 말며 그가 엎드러질 때에 마음에 기뻐하지 말라 여호와께서 이것을 보시고 기뻐하지 아니 하사 그의 진노를 그에게서 옮기실까 두려우니라"(잠 24:17-18)고 말씀하고 있습니다.

하나님께서는 원수의 넘어지는 것을 보고 기뻐하는 자에게 같은 벌을 내려 그도 넘어지게 하신다고 하셨습니다. 남들이 불행을 당할 때 기뻐하는 것은 지극히 무정한 처사이고 그것은 하나님 보시기에 극히 가증스러운 것입니다.

이스라엘과 유다가 앗수루와 바벨론에게 멸망을 당할 때 주변 나라들이 비웃고 조롱하다가 자기들도 역시 화를 당하고 말았습니다.

우리는 일본의 지진을 통해서 하나님의 경고의 음성을 들을 수 있어야 합니다. 두려운 마음으로 나 자신을 돌아볼 수 있어야 합니다.

예수님은 종말의 징조에 대해서 "민족이 민족을, 나라가 나라를 대적하여 일어나겠고 곳곳에 기근과 지진이 있으리니 이 모든 것은 재난의 시작이니라."(마 24:7)고 말씀하셨습니다.

인생에는 시작이 있고 끝이 있습니다. 어떻게 살든 결국에는 다 죽게 되어 있습니다. 인간의 역사도, 하나님의 나라도 마찬가지입니다. 시작이 있고 끝이 있습니다. 기후의 변화와 지진은 끝이 가까워 왔음을 말해주는 것입니다.

지금 일본을 비롯해서 세계 곳곳에서 일어나는 지진은 우리가 살고 있는 이 시대가 종말을 향해 가고 있음을 증거 해 주고 있는 것입니다. 우리는 예수님의 말씀 안에, 성령 안에 거해야 합니다. 우리는 시대를 분별해야 합니다. 내일 일을 자랑하지 말고 하루하루 살아야 합니다. 주님 앞에 서게 될 것을 기억하고 깨어 기도해야 합니다.

홀로 사는 훈련

오래 전 LA 타임지에 84세 된 어느 할머니의 편지가 소개된 적이 있었습니다. 그 할머니의 편지는 이렇게 시작되었습니다. "나는 외롭습니다. 나는 편지를 쓸 수 없기 때문입니다. 내 편지를 받을 대상이 없기 때문입니다. 내 아파트에는 아무도 찾아오는 사람이 없습니다. 내 생일을 기억해 주는 사람도 없습니다. 그래서 나는 우체국을 향하여 이 편지를 씁니다."

이 할머니의 편지 속에는 우표 몇 장과 1달러가 들어 있었습니다. 편지는 이렇게 계속되었습니다. "이 편지를 받는 분이 저에게 편지를 써 주실 수는 없습니까? 이 편지를 받는 분이 저에게 전화를 걸어 주실 수는 없습니까?"

앙상한 겨울나무가 외롭게 보이듯 인생의 겨울 노년은 외로움과 고독의 시기입니다. 노년기가 되면 인간관계에 있어서 교제하는 사람의 수가 현격히 줄어듭니다. 결혼한 자식들은 집을 떠나게 되고, 가지고 있던 직업에서의 역할 상실과 경제적 수입의 중단으로 인간관계는 점점 줄어듭니다. 그러면서 부부중심의 삶이 시작됩니다.

주변의 친척이나 친구들이 하나 둘씩 떠나가고, 심지어 평생을 같이 살던 배우자까지 곁에서 떠나가면서 인간관계의 줄이 끊어집니다. 이렇게 인간관계의 끈들이 단절될 때마다 노년의 외로움은 깊어집니다.

사람들은 혼자 있는 것을 싫어합니다. 불 꺼져 있는 방에 들어가는 것을 정말 싫어합니다. 그래서 어떤 사람은 불 꺼진 집에 들어가는 것이 싫어서 아예 불을 켜놓고 나오고, 자신을 맞아 줄 개를 키우기도 합니다.

혼자 사는 법을 모르는 사람은 혼자 있는 시간이 두렵고 힘이 들어 술로 자신을 잊고 살려고 합니다. 때로 외로움을 이기지 못해 자살하기도 합니다. 자살은 자식에 대한 배반입니다. 인간답게 죽는 모습을 자손들에게 보여주어야 합니다.

혼자 있어도 외롭지 않으려면 취미생활과 봉사활동을 해야 합니다. 작가와 대화할 수 있는 독서는 노년의 좋은 취미입니다. 또한 자기 자신과 대화할 줄 알고, 영적으로 하나님과 대화할 줄 아는 훈련을 해야 합니다. 죽음 앞에서는 어차피 혼자이기에 혼자서 하나님 앞으로 갈 수 있는 준비도 해야 합니다.

불후의 명작인 「천로역정」을 쓴 존 번연은 감옥에서 혼자였지만 그는 외롭지 않았습니다. 하나님이 함께 하신다는 것을 알았기 때문입니다. 친구나 연인, 가족이 없어서 외롭다고 느끼는 사람들이 많습니다. 그러나 믿는 사람에게는 우리와 함께 하시는 하나님이 계십니다. 우리들은 혼자가 아닙니다. 외롭다거나 혼자라고 느낄 때 하나님이 함께 하신다는 것을 기억하십시오.

치유와 회복의 소망

생명을 유지하기 위해 우리 몸 안에서 일어나고 있는 일들이 있습니다. 피부는 한 달에 한 번씩 교체되고, 위벽은 5일마다, 간세포는 6주일마다, 뼈세포는 3개월마다 다시 바뀌고 있습니다. 자동차는 일일이 부품을 교체해 주어야 하지만 우리 몸은 자동적으로 교체 작업이 이루어집니다.

우리 몸속에 있는 혈관의 총 길이는 11만 2천 km로서 지구를 두 번 감을 수 있는 길이입니다. 우리 심장은 하루에 10만 3천 번을 뛰어 그 혈관에 끊임없이 피를 공급해서 우리 구석구석까지 영양을 공급하고 노폐물을 나르며 세균을 막아줍니다.

그리고 우리는 하루에 2만 3천 번의 숨을 쉽니다. 모든 일에 약간의 차질만 와도 나의 생명에 금방 이상에 올 것인데 내가 아무런 수고를 하지 않고 생각조차 안 해도 심장이 뛰어주고 혈액이 그 먼 거리를 달려주고 폐가 호흡하여 내 생명을 지탱하게 해주고 있습니다.

현대 과학과 의학이 밝혀낸 인간의 생명과 몸은 신비 그 자체입니다. 신비롭고 오묘한 몸을 만드시고 우리에게 생명을 주신 하나님을 찬양하지 않을 수 없습니다.

또한 우리 몸에는 강력한 면역 시스템이 작동하고 있습니다. 이 시스템은 가벼운 감기로부터 무서운 암에 이르기까지 모든 질병에 대항하여 강력하고 성공적으로 저항할 수 있는 방어망입니다.

우리 몸 안에는 병균이 침입하였거나 암세포가 증식할 때에 이들과 강력한 전쟁을 벌일 수 있는 300조 개에 이르는 백혈구 방위군들이 준비되어 있고, 이들은 세균의 위급한 침입을 대비하여 24시간 비상 대기하고 있으며, 항상 60조 개의 백혈구들이 혈관 속을 순찰하고 있습니다.

우리 몸은 쉽게 무너지지 않습니다. 우리는 하나님이 우리 몸의 건강을 위해 만들어 놓으신 면역 시스템의 능력을 믿고 자신감을 가지고 살아야 합니다. 혹시 병에 걸렸다 해도 두려워하지 말고 건강할 수 있다는 소망을 가져야 합니다.

요즘 사람들의 문제점은 병 자체가 아니라 병에 대해 지나치게 두려움을 갖는 것입니다. 건강에 대해서 너무 무심해도 곤란하지만 너무 예민해도 문제입니다. 어떤 사람은 위나 대장 내시경 검사를 하고나서 용종 하나만 발견돼도 조직 검사 결과가 나오기까지 '혹시 암은 아닐까?' 염려와 두려움에 사로잡혀 온갖 상상을 합니다.

치유와 회복을 위한 비결은 면역 시스템을 강화하는 것입니다. 우리 몸의 방위군인 백혈구들의 숫자와 에너지를 적정 수준으로 유지하고 증강하기 위해서는 깨끗한 물, 신선한 공기, 적절한 햇빛, 평화스러운 마음, 규칙적인 운동, 그리고 올바른 식사 등이 균형 있게 이루어져야 합니다. 이는 오염되지 않은 자연과 가까이 함으로써 얻고 누릴 수 있는 것들입니다. 인간은 자연의 일부입니다. 자연과 가까이 할 때 건강할 수 있습니다. 치유와 회복을 원한다면, 건강할 때 건강을 지키려면 자연으로 돌아가야 합니다.

세상 사람과 달라야 합니다

성경의 진리는 역설적입니다. 살고자 하는 자는 죽고 죽고자 하는 자는 삽니다(마 16:25). 높아지고자 하면 낮아지고 낮아지면 높아집니다(마 23:12). 움켜쥐면 가난해지고 나눠주면 풍성해 집니다(잠 11:24). 이것이 성경이 가르치는 진리입니다.

예수님의 삶은 그야말로 역설적이었습니다. 그러므로 세상 사람들은 이해할 수 없었고 받아들일 수 없었습니다. 성도들은 성경의 진리대로, 예수님을 따라 사는 사람들입니다. 그렇다면 성도들의 가치관은 세상과 달라야 합니다. 우리는 몇 가지 예를 통해 차이를 알고 성경적 관점에서, 하나님의 관점에서 모든 것을 바라보고 판단하고 평가할 수 있어야 합니다.

소유에 있어서 세상 사람들은 '얼마나 많이 가지고 있느냐'를 가지고 평가합니다. 소유의 많고 적음이 판단의 기준입니다. 반면에 하나님은 '어떻게 썼느냐'로써 평가합니다. 연세 많은 할아버지, 할머니가 돌아가시면 후손들은 가장 먼저 장판부터 뒤진다고 합니다. 왜냐하면 그 밑에 숨겨둔 돈이 많기 때문입니다. 그렇게 돈을 많이 소유하면 무슨 소용이 있겠습니까. 중요한 것은 내가 얼마나 많이 소유하느냐의 문제가 아니라 어떻게 사용하느냐가 더 중요합니다.

소유가 판단 기준인 사람들은 교회를 바라볼 때도 '얼마나 많이 가지고 있느냐'로서 평가합니다. 성도 수는 몇인지, 일 년 예산은 얼마인지가 관심사입니다. 일부 목사 중에서도 만나면 성도 수, 예산 규모를 묻습니다. 숫자로써 판단하려 합니다. 세상 사람과 다를 바 없는 수준입니다.

하나님은 결코 숫자를 보시지 않습니다. 하나님께서 많고 많은 민족 가운데 이스라엘 민족을 성민으로 선택하신 이유는 무엇이었을까요? 성경은 "여호와께서 너희를 기뻐하시고 너희를 택하심은 너희가 다른 민족보다 수효가 많기 때문이 아니라 너희는 오히려 모든 민족 중에 가장 적으니라"(신 7:7)고 말씀하고 있습니다.

또한 능력에 있어서 세상 사람들은 '얼마나 많은 것을 할 수 있느냐'를 가지고 평가합니다. 능력의 많고 적음이 판단의 기준입니다. 하지만 하나님은 양을 보시지 않습니다. '얼마나 최선을 다했느냐'를 보십니다. 하나님은 다섯 달란트, 두 달란트 가진 자 모두를 똑같이 칭찬하셨습니다. 남긴 양을 보신 것이 아니라 충성을 보신 것입니다.

따라서 주님께 속한 사람이라면 세상 사람들과 가치관이 달라야 하고, 목표가 달라야 하며, 사는 방식이 달라야 합니다. 세상 사람들처럼 땅엣 것을 생각하고 땅엣 것을 바라보지 말고 영원한 하늘나라를 바라보며 천국 시민답게, 하나님의 영광을 위하여 살아야 합니다.

충성파, 충동파

일을 하다보면 두 종류의 사람을 만나게 됩니다. 한 부류는 충성하는 사람들이고, 또 한 부류는 일을 방해하며 충동질하는 사람입니다. 우리는 성경에서 일 하려는 사람과 가로막고 방해하는 사람이 있음을 볼 수 있습니다.

느헤미야는 조국 예루살렘의 무너진 성벽 재건을 위해서 보수도 없이 헌신했습니다. 그러나 가나안 땅에 자리를 잡은 산발랏과 도비야는 자신의 기득권을 유지하기 위해 성벽 재건을 용납하지 않았습니다. 처음에는 그 계획을 비웃다가 사람들을 충동하여 적극적으로 방해를 놓았습니다.

그럼에도 불구하고 성벽 건축이 계속되자 그는 느헤미야가 하는 일에 대하여 왕에 대한 모반이라고 모략했고 사람들을 매수하여 느헤미야를 죽이려고까지 했습니다. 그러나 느헤미야와 같이 한 충성된 일꾼들에 의해 성벽 공사가 기적적으로 52일 만에 끝이 났습니다(느 6:15). 아무리 방해를 해도 하나님이 역사하시면 일은 이루어집니다.

대제사장과 장로들과 서기관들이 공회와 더불어 의논하고 예수님을 결박하여 빌라도에게 넘겨주었습니다. 그러나 빌라도가 예수님을 심문해보니 아무 잘못이 없었습니다. 빌라도는 시기심 때문에 예수님이 무고히 넘겨진 줄 알았습니다.

그래서 빌라도는 예수님을 놓아주기 위해서 명절에 백성들의 요구대로 죄수 한 사람을 놓아주는 전례를 사용하기로 했습니다. 빌라도가 백성들에게 물었습니다. "너희는 내가 유대인의 왕을 너희에게 놓아주기를 원하느냐?" 그러자 대제사장들이 무리를 충동하여 민란 중에 살인하고 체포된 바라바를 놓아 달라 하게 했습니다(막 15:6-11).

대제사장과 장로들과 서기관들은 자신의 권위와 기득권을 유지하기 위해서 백성들을 충동함으로 빌라도를 압박하였고 결국 예수님을 십자가에 못 박는 용서받지 못할 죄를 지었습니다. 그러나 하나님은 그들을 통해 십자가의 구원을 이루셨습니다.

우리는 하나님의 선한 도구가 될 수도 있고, 마귀의 악한 도구가 될 수도 있습니다. 그것은 우리의 선택에 달려 있습니다. 충성으로 선한 도구가 되어야지 악한 일로 악한 도구가 된다면 얼마나 불행합니까? 하나님은 우리에게 충성하되 죽기까지 충성하라고 하십니다(계 2:10).

18세기 부흥사였던 조지 휫필드는 생애의 마지막 10년간을 육체의 질고에 시달리면서도 언제라도 설교할 기회만 생기면 다시 강건해져 말씀을 선포하곤 했습니다.

어느 때, 어느 일에든지 충성하는 사람이 있는가 하면 다른 사람들을 충동하여 방해하는 사람이 있습니다. 당신은 충성파입니까? 아니면 충동파입니까? 악한 일의 도구가 되는 불행한 인간이 아니라 죽기까지 충성하는 사람들이 됩시다.

내가 죽을 때 누가 울어 줄까

2013년 4월 8일, '철의 여인'이라 불리던 마가렛 대처 영국 전 총리가 뇌졸중으로 세상을 떠나자 일부 영국인들은 거리로 뛰쳐나와 샴페인을 터트리는 등 그의 죽음을 기뻐하여 눈길을 끌었습니다. 영국 언론은 대처의 죽음 후 그가 총리로 재임했을 당시 두 번이나 폭동이 일어났던 런던 브릭스턴에서는 사람들이 거리로 뛰쳐나와 '마녀가 죽었다'를 외치며 환호하고 있다고 보도했습니다.

한 사람에 대한 진정한 평가는 그 사람이 살아 있을 때가 아니라 그 사람이 세상을 떠났을 때입니다. 내가 세상을 떠날 때 나의 떠남을 아쉬워하며 울어 줄 사람이 있다면 잘 산 것이고, 잘 갔다고 기뻐한다면 잘 못 산 것입니다.

빈 S. 샤르마의 저서 『내가 죽을 때 누가 울어줄까』 중에 "얘야, 네가 태어났을 때 너는 울음을 터뜨렸지만 사람들은 기뻐했다. 네가 죽을 때에는 사람들은 울음을 터뜨리지만 너는 기뻐할 수 있도록 살아야 한다"는 말이 나옵니다. 이 말이 자꾸 가슴 속에 와 닿습니다.

종종 죽음을 묵상하며 '나는 지금 잘 살고 있는 것일까? 죽을 때에도 살아온 삶에 후회 없이 기뻐하며 눈을 감을 수 있을까?'라는 생각을 합니다. 후회 없이 기뻐하며 떠날 수 있는 삶을 살기 위해 우리는 어떤 노력을 해야 할까요?

대부분의 사람은 죽을 때가 되면 지내 온 일생을 회고하면서 보편적으로 세 가지를 후회한다고 합니다.

첫째는 베풀지 못한 것에 대한 후회입니다. 가난하게 산 사람이든 부유하게 산 사람이든 죽을 때가 되면 '좀 더 주면서 살 수 있었는데, 이렇게 긁어모으고, 움켜쥐어 봐도 별 것 아니었는데, 왜 좀 더 나누어 주지 못했고 베풀며 살지 못했을까?' 이것이 가장 큰 후회라고 합니다.

둘째는 참지 못한 것에 대한 후회입니다. '그때 내가 조금만 더 참았더라면 좋았을 걸, 왜 쓸데없는 말을 하고, 쓸데없이 행동했던가?'하고 후회한다고 합니다. 당시에는 내가 옳다고 생각했습니다. 그것이 최선이라고 생각했고 그럴 수밖에 없었다고 생각했습니다. 그러나 지나고 보니 좀 더 참을 수 있었고, 좀 더 여유를 가지고 참았더라면 내 인생이 좀 달라졌을 텐데 참지 못해서 일을 그르친 것이 후회가 된다는 것입니다.

셋째는 좀 더 행복하게 살지 못한 것에 대한 후회입니다. '왜 그렇게 빡빡하고 재미없게 살았던가, 왜 그렇게 짜증스럽고 힘겹고 어리석게 살았던가, 얼마든지 기쁘고 즐겁게 살 수 있었는데'하며 복되게 살지 못한 것에 대해서 후회하며 이러한 나로 인하여 다른 사람들을 힘들게 한 삶을 살았던 것에 대해서 후회한다고 합니다.

우리는 여기서 삶의 지혜를 얻을 수 있습니다. 좀 더 베풀고, 좀 더 참고, 좀 더 기쁘고 즐겁게 살아야 합니다. 그래서 후회 없이 웃으며 죽을 수 있어야 하고, 사람들에게는 아쉬움을 남길 수 있어야 합니다.

길이 없는 것이 길이다

다니엘과 그의 세 친구는 유다의 멸망으로 바벨론 포로로 잡혀왔습니다. 그들이 원한 길이 아니었습니다. 그들은 우상을 섬기는 이방 나라에서 어떻게 살아야 할지 막막했습니다. 모든 것이 낯설고 전혀 길이 보이지 않았습니다.

그러나 그들은 거룩을 지키기 위해서 출세와 성공을 위해 타협하지 않고 정도를 걷고자 뜻을 정했습니다. 눈에 보이지 않지만 오직 하나님만을 길로 삼았습니다.

우상숭배를 거절함으로 풀무불에 던져지고, 사자굴 속에 던져졌지만 그들은 믿음의 길을 저버리지 않았습니다. 그 결과 풀무불에서와 사자굴에서 구원을 받는 기적을 체험했고, 이방나라에서 여호와 하나님의 이름을 드높이며 하나님의 영광을 나타낼 수 있었습니다.

우리 앞에는 수많은 길이 있습니다. 너무 많은 길이 있기에 우리는 날마다 선택의 고민을 하면서 살아갑니다. 많은 사람들이 걸어가는 길은 넓은 길입니다. 그러나 예수님은 "좁은 문으로 들어가라 멸망으로 인도하는 문은 크고 그 길이 넓어 그리로 들어가는 자가 많고 생명으로 인도하는 문은 좁고 길이 협착하여 찾는 자가 적음이라"(마 7:13-14)고 말씀하셨습니다.

사람들은 본능적으로 많은 사람들이 가고 있으면 안심을 하고 사람이 적으면 불안감을 느낍니다. 그래서 사람들은 많은 사람들이 걸어가는 길을 좇아갑니다. 하지만 크고 넓다고 해서, 사람이 많다고 해서 옳은 것은 아닙니다.

　우리가 좁은 길을 가는 것은 무엇을 의미하는 것일까요? 그것은 세속주의를 버리는 것입니다. 이 세대를 본받지 말아야 합니다. 오늘날 교회가 세상 사람들에게 무시당하는 이유는 교회가 세상과 뒤섞여 구별된 모습을 보여주지 못하고 거룩을 추구하지 않기 때문입니다. 교회는 빛과 소금일 때 존재 가치가 있는 것입니다.

　수많은 종교들이 있습니다. 사람들은 어느 종교이든 선을 추구하므로 굳이 기독교만을 선택해야 할 이유가 없다고 생각합니다. 하지만 이 세상의 어느 길도 우리를 구원으로, 영생으로, 하나님 나라로 인도하는 길은 없습니다. 오직 예수님만이 길입니다. 예수님은 "나는 길이요"라고 말씀하셨습니다. 이 말씀에서 길은 여러 길 중의 한 길이 아니라 유일한 길을 의미합니다.

　길이 안 보여도, 길이 없어도 두려워 말고 길 되시는 주님만을 따라가야 합니다. 주님이 함께 하십니다. 주님만이 구원의 길, 영생의 길임을 믿고 나아가는 성도들이 됩시다.

에필로그

아름다운 세상을 위한 행복한 마음

인생의 묘미는 내일 일은 누구도 알 수 없을 뿐 아니라 전화위복, 인생 역전이 있다는 데 있습니다. 포기하지 않으면 인생은 역전될 수 있습니다.

한 번의 실패는 그 일에 대한 실패일 뿐이지 인생 자체의 실패는 아닙니다. 실패를 딛고 다시 일어나십시오. 포기하지 않는 한 아직 우리의 인생은 끝나지 않았습니다.

고난 앞에서 취하게 되는 사람들의 태도는 두 가지입니다. 하나는 이유를 알 수 없는 고난 앞에서 인생을 포기하는 경우이고, 또 하나는 그 아픔을 딛고 더욱 풍성한 삶을 살아가는 것입니다.

우리 인생은 고난의 연속입니다. 크고 작은 고난이 파도 같이 다가옵니다. 고난에는 뜻이 있습니다. 고난의 의미를 찾아 고난을 직면해야 합니다. 아무리 어렵고 힘들어도 절대로 포기하지 말아야 합니다.

어느 날 강철 왕 카네기에게 신문 기자가 질문을 했습니다. "사장님, 만약 이 회사가 지금 망한다면 어떻게 하시겠습니까?" 이때 카네기는 간단하게 그러나 분명한 어조로 대답했습니다. "나는 또 다시 시작할 것입니다."

포기할 줄 몰랐던 사람, 처칠이 우리에게 남긴 최고의 격려의 말을 대뇌이며 마치려고 합니다. "절대로, 절대로, 절대로 포기하지 마십시오."

삶의 현장에서 사람은 다양한 모습으로 행복을 위하여 아름다운 세상을 위한 소망을 갖고 살아갑니다. 때로는 희로애락의 여정에서 가정과 사회 그리고 특별한 상황에 몰리게 된다면 각종 다툼으로 상처와 미움 등으로 또 마음의 실족으로 인하여 자포자기하며 극단적인 사건과 환경에 노출될 때도 있습니다.

위와 같이 뼈저린 생활에서 누군가에게 격려의 말과 위로를 받는다면 큰 힘이 납니다. 우리가 좀 더 배려하고 이해하는 자세로 다가간다면 광야에서 목이 말라 위기의 순간에서 시원한 생수를 마시는 것과 같은 갈증해소와 심령에 기쁨과 안정을 찾을 수 있을 것입니다.

현대를 살아가는 크리스천들과 일반인들에게 아름다운 격려의 작은 울림의 메시지를 받기 위하여 한 장씩 책을 읽어 오면서 마음에 굴곡진 응어리가 치유가 되어 참 행복이 회복되기를 기대합니다.

평소에 자신이 경험할 수 있는 시간을 정해 놓고 다양한 주제를 선정하여 삶의 자리에서 마음의 양식을 삼아 은혜와 평강의 독자들이 되기를 소망합니다. 자신의 생각과 마음의 폭을 넓히고 타인을 인정하고 더불어 살아가는 인생에서 위로와 격려의 메시지가 인생을 더욱 풍성하게 성숙함으로 만들어 갈 수 있기를 바랍니다.

지금까지 말씀과 예화를 통해 살펴본 내용들이 한 마리 나비의 작은 날개 짓이 한줄기 빛이 되어 다양한 환경에서 나와 함께하는 모든 이웃들이 주님 안에서 행복한 삶이되기를 소망합니다. 이 책은 처음부터 한

권의 책을 목적으로 쓴 글이 아니고 그때그때 감동이 오는 대로 작성한 칼럼들을 모은 것이기 때문에 구성이나 전개에 있어서 다소 부족하다는 느낌과 아쉬움이 있습니다.

그러나 이 책은 한 가지 분명한 주제를 가지고 있습니다. 그것은 아름다운 세상을 통해 주님 안에서 선한 영향력을 끼치는 나비효과의 삶을 추구하는 것입니다. 하나님 보시기에 아름다운 인생을 살고 싶습니다. 앞으로 얼마나 이 땅에 더 머물지 알 수 없습니다. 하나님께 부름을 받는 그날까지 이 세상을 아름답게 하는 일에 귀하게 쓰임 받기를 소망합니다.

지금 우리가 해야 할 일이 무엇인지 모르는 사람은 없는 것 같습니다. 중요한 것은 실천입니다. 성경은 우리에게 "너희는 말씀을 행하는 자가 되고 듣기만 하여 자신을 속이는 자가 되지 말라"(약 1:22)고 말씀하십니다.

한국교회의 약점 중의 하나는 개교회주의입니다. 이제는 개교회주의를 지양하고 교회와 교회간의 연합을 위해 노력해야 합니다. 어떻게 해야 아름다운 연합을 이룰 수 있을까요? 조금 더 마음을 열고, 조금 더 낮아지고, 조금 더 비우고, 조금 더 섬겨야 한다고 생각합니다. 그래야 연합이 가능합니다.

선한 일을 위해서는 교회와 교회간의 연합 뿐 아니라 교회와 지역사회와의 연합도 필요합니다. 초대 교회는 온 백성에게 칭송을 받았습니다(행 2:47). 초대 교회가 그랬던 것처럼 우리도 나눔과 섬김으로 세상에서 칭송받는 아름다운교회가 되어야 합니다.

그리고 아름다운 자연 환경을 만드는 일에 교회가 앞장서야 합니다. 우리에게는 복음 전도의 사명(마 28:18-20) 뿐 아니라 자연 만물을 관리해야 하는 문화적 사명(창 1:27-28)도 주어져 있습니다. 그동안 우리는 복음 전도의 사명만 강조하고 문화적 사명은 등한히 해왔습니다.

자연 속에서 살면서 점점 더 자연의 소중함을 깨닫습니다. 하나님께서 창조하신 아름다운 자연을 잘 관리하고 보존하는 일, 이것이 필자의 소망입니다. 그리하여 이 한 권의 책을 읽는 독자들이 아름다운 세상을 위한 행복한 마음을 소유하는 진정한 승리자들이 되기를 기대합니다.

샬롬의 나비효과

2023년 8월 10일 초판 1쇄 발행

지은이 | 최 선

발행인 | 이미숙
편집인 | 염성철

발행처 | 도서출판 해븐

출판부 | 031) 911-1137
등록일 | 제2005-13호
등록처 | 경기도 고양특례시 일산서구 산현로92번길 42

ISBN 979-11-87455-50-9   03230
copyright ⓒ도서출판 해븐 2023〈printed in korea〉
E-mail : bookrock53@naver.com

※ 잘못된 책은 구입하신 곳에서 교환해 드립니다.